MELHORES
POEMAS

Bocage

Direção
EDLA VAN STEEN

MELHORES
POEMAS

Bocage

Seleção
CLEONICE BERARDINELLI

© Global Editora, 1987

4ª EDIÇÃO, GLOBAL EDITORA, SÃO PAULO 2012

Diretor Editorial
JEFFERSON L. ALVES

Gerente de Produção
FLÁVIO SAMUEL

Coordenadora Editorial
ARLETE ZEBBER

Revisão
ANA CAROLINA RIBEIRO
LUCIANA CHAGAS

Capa
VICTOR BURTON

Dados Internacionais de Catalogação na Publicação (CIP)
(Câmara Brasileira do Livro, SP, Brasil)

Bocage, 1765-1805
    Melhores poemas Bocage / seleção Cleonice Berardinelli
Bocage – 4. ed. – São Paulo: Global, 2012. – (Coleção Melhores
poemas / direção Edla van Steen)

ISBN 978-85-260-1620-0

1. Poesia portuguesa. I. Berardinelli, Cleonice. II. Steen, Edla
van. III. Título. IV. Série.

11-14547   CDD-869.1

Índice para catálogo sistemático:

1. Poesia : Literatura portuguesa   869.1

Direitos Reservados

**GLOBAL EDITORA E
DISTRIBUIDORA LTDA.**
Rua Pirapitingui, 111 – Liberdade
CEP 01508-020 – São Paulo – SP
Tel.: (11) 3277-7999 – Fax: (11) 3277-8141
e-mail: global@globaleditora.com.br
www.globaleditora.com.br

Obra atualizada
conforme o
**Novo Acordo
Ortográfico da
Língua
Portuguesa**

Colabore com a produção científica e cultural.
Proibida a reprodução total ou parcial desta obra
sem a autorização do editor.

Nº de Catálogo: **1602**

Cleonice Berardinelli nasceu no Rio de Janeiro, Distrito Federal, no dia 28 de agosto de 1916. Licenciada em Letras Neolatinas, pela Universidade de São Paulo. Doutora em Letras e livre-docente em Literatura Portuguesa, pela Faculdade Nacional de Filosofia da Universidade do Brasil (atual UFRJ). Professora Emérita da UFRJ. Professora titular da PUC-Rio. Professora visitante da Universidade da Califórnia, Santa Bárbara e doutora *honoris causa* da Universidade de Lisboa. Autora de numerosos livros, entre os quais duas edições críticas de autos do século XVI, *Estudos camonianos*, *Estudos de literatura portuguesa*, várias antologias com estudos críticos (de Gil Vicente, Sá Carneiro, João de Deus, José Régio, Fernando Pessoa) e um volume, editado pela Fundação Calouste Gulbenkian dos *Sonetos* de Camões. Acadêmica correspondente da Academia das Ciências de Lisboa. Membro efetivo do PEN Club do Brasil. Comenda da Ordem do Infante D. Henrique e da Ordem de Santiago da Espada, oferecidas pelo governo Português. Membro da Academia Brasileira de Letras.

PREFÁCIO

As designações de Cultismo e Conceptismo, dadas a dois aspectos da produção literária dos Seiscentismo português, raramente se excluem nas obras dessa época, pois quase sempre conviviam no mesmo texto, sendo de notar apenas o primado da forma culta sobre o conceito engenhoso, ou deste sobre aquela.

Essas tendências, embora sempre referidas ao século XVII, estenderam ao primeiro quartel do século XVIII, até serem pouco a pouco varridas pelos ventos que sopravam da França, principalmente, trazendo em seu bojo as ideias iluministas, privilegiando a razão, que devia reger a criação poética. A *Arte poética* de Boileau, traduzidas para o português pelo Conde da Ericeira, norteará os corifeus do que se chamará Neoclassicismo, que Vitorino Nemésio define como "uma doutrina estética de compromisso, de clarividência, inimiga mortal do mistério e do sonho, sem os quais não há poesia".[1]

Em Portugal, grande mudança se faz no campo da cultura, e é Luís Antônio Verney que a sintetiza no seu *Verdadeiro método de estudar*, obra notável pelo conhecimento quase enciclopédico de seu autor e

---

[1] V. NEMÉSIO, Vitorino sel. Bocage: poesias várias. Introdução, seleção e notas de Lisboa, livr. Clássica Edit., 1943, p. 6.

pelas arejadas propostas de pesquisa direta nas fontes, mas na qual transparece a incompreensão do fato estético, revelada, por exemplo, na infundada crítica aos sonetos de Camões. Razão e método constituíam o lema de Verney, que será adotado por Antônio Denis da Cruz e Silva, fundador em 1756 da Arcádia Ulissiponense, cujo mentor, ao tempo em que "Bocage chegou à idade dos versos", era Correa Garção. A doutrina deste era semelhante à de Verney, "isto é, a de Boileau, modificada por teóricos estreitos".[2]

Tendo voltado à imitação dos clássicos no que pensavam ser a sua pureza inicial, depurando, pela razão, todos os excessos e ludismos da poesia anterior, o que os árcades conseguiram realizar quase sempre foi uma poesia árida e fria (abre-se exceção para os melhores poetas da Escola Mineira).

É desse ambiente que vai emergir o poeta Bocage. Salva-o da mediocridade a natureza apaixonada a oscilar entre a revolta e o masoquismo, a capacidade de amar e de sofrer por amor, a volubilidade e o ciúme.

Vitorino Nemésio, autor, até hoje, da melhor análise da obra bocagiana, escreve: "a poesia arcádica, madrinha de Bocage, continua em estiagem" e prossegue: "Bocage herda este fardo". É com ele aos ombros que terá de exprimir o seu dom de tristeza irreprimível, o seu amor saturniano e a sua mensagem de morte."[3]

Não se discute aqui a colocação de Nemésio: prefere-se, no entanto, inverter a ordem e privilegiar o amor como tema central – quase se diria universal – do poeta. É o amor que move a pena para cantar os momentos de plenitude – bem raros, na verdade – em

---

2 Id., ib., p. 11.
3 Id., ib., p. 13.

que aflora a sensualidade, quase sempre reprimida: "Quando adoçar meus lábios anelantes/ No seio de Ritália melindroso, [...] Até que eu desfaleça, até que expire/ Nas ternas ânsias, no inefável gosto" (soneto 18). Impossível na realidade, o amor pode realizar-se no sonho, em gozo breve, "Num êxtase suave, em que bebia/ O néctar nem por Jove inda libado" (soneto 36) ou na "temerária fantasia": "Tudo o que escondes, tudo o que não vejo/ A mente audaz e alígera descobre." (soneto 21).

É o amor que gera o ciúme obsessivo que povoa os sonetos e vai mesmo dar nome a uma das canções. Nunca, até então, fora o ciúme sentido com tal intensidade, agredido com tal veemência: "veneroso", "infernoso", "infernal", "tormento abrasador", "letal", "cruel", "inferno pior", "estígio nume", "negro monstro, de áspides toucado", "torvo dragão", "monstro devorante", são alguns dos epítetos a ele atribuídos dentro de um contexto que os reforça, tornando-os mais contundentes.

Além desse ciúme, tomado quase *in abstracto*, há o que se fundamenta na traição da amada, na sua volubilidade: sofre pela traição e mais ainda porque não consegue desdenhar ou maldizer, pois seu "desejo/ É carpir, delirar, morrer por ela" (soneto 14); sofre também se a maldiz, desejando-lhe tal "desgraça,/ Que ainda por mais leves, mais pequenos,/ Os meus tormentos invejar te faça"(soneto 17).

Nem a razão, chamada ou não por ele, pode ajudá-lo: "Razão, de que me serve o teu socorro?/ Mandas-me não amar, eu ardo, eu amo;/ Dizes-me que sossegue, eu peno, eu morro" (soneto 24).

É quase sempre no amor irrealizado ou traído e na saudade amorosa que deita raízes a sua tristeza. Em alguns sonetos, porém – e dos melhores –, há uma tristeza talvez menos clamorosa mas mais profunda, a que se poderia chamar de existencial, como a que exprime no soneto 3, dirigido aos próprios versos, "Urdidos pela mão da Desventura,/ Pela baça Tristeza envenenados". Semelhante a esse é o soneto 34 – autobiográfico – onde a intensidade do sofrimento o faz suspirar "pela paz da sepultura"; este último verso remete para o que fecha o soneto 29, do qual é o mote – "A morte para os tristes é ventura" – e no qual se enumeram anaforicamente as desditas que caem sobre o poeta: as angústias da indigência dos inimigos, a opressão de tiranos, a inclemência de Deus e dos homens, a saudade sem remédio, a ausência de paz, a amargura. Como no início da estrofe, "só deve agradar-lhe a sepultura".

É a tristeza, portanto, o que o leva à morte-solução, à morte consoladora, algumas vezes identificada à noite traçada a pinceladas românticas ou mesmo ultrarromânticas, como estas: "Consola-me este horror, esta tristeza,/ Porque a meus olhos se afigura a Morte/ No silêncio total da Natureza" (soneto 4). Noite, "retrato da Morte", habitada por fantasmas e "mochos piadores", a despertar-lhe um mórbido prazer: "Quero fartar meu coração de horrores" (soneto 12). Morte, associada a pranto, queixa e solidão, no mais perfeito de todos os seus sonetos, "Fiei-me nos sorrisos da Ventura", onde a natureza-abrigo assinala, aqui também, o romantismo do autor.

A morte real, dos amigos e, sobretudo, das amadas, é também uma presença forte, mas desoladora, geradora de saudade irremediável, e não só: despertadora do horror à terra fria a que "foram dados", "os garços olhos", "os rubros lábios", "as longas tranças", "as lindas faces", "as melindrosas mãos", "os níveos braços", aqueles mesmos elementos tão cantados pelo poeta para celebrar a beleza total da amada; todos "jazem no eterno horror da sepultura" (soneto 10).

Consoladora ou desoladora em seu sentido real, é uma vez tomada por Bocage como metáfora do ato amoroso, num soneto cujo último verso é daqueles a que convém chamar, sem risco, "fecho de ouro": "Mais doce é ver-te de meus ais vencida,/ Dar-me em teus brandos olhos desmaiados/ Morte, morte de amor, melhor que a vida" (soneto 30).

Não a vê assim quando a deseja para si ou quando pensa em buscá-la (a ideia de suicídio começa a impor-se na literatura ocidental). Parece-lhe o jazigo "refúgio perdurável e sagrado" e ele concita a alma a que se desprenda do corpo. A voz da Verdade, no entanto, se faz ouvir, e o soneto se fecha pelo verso célebre: "Oh, terrível pregão da Eternidade!".

A ida para a Índia agrava-lhe as penas; pergunta-se se deve deixar os "braços de Gertrúria carinhosa"; lembra-se de Camões, que também para lá foi, compara-se-lhe na Ventura, em que são semelhantes, e nos dons da Natureza, em que se diz tão diverso. Não só a tristeza se acrescenta; acerba-se-lhe o senso crítico no desdém por Goa e por seus habitantes a darem-se a "senhoria", presunçosos e ignorantes.

Sátiras dirige também ao Padre José Agostinho de Macedo e a Curvo Semedo, companheiros da Arcádia, e a outros que vai zurzindo sem dó.

Eis, porém, que a saúde lhe baqueia: é "a letífera Doença" que se aproxima "pouco a pouco"; "deidade horrenda, irmã da Morte", vem associar-se à "viva dor dos [seus] delitos" para romper os tênues laços que o prendem à vida. "Terrífica" ela, mas não temeroso ele, que a enfrenta com grande dignidade (soneto 45). É o momento final que se avizinha e com ele o remorso: "Saiba morrer o que viver não soube" (soneto 48), a conciliação com Deus e com os homens (soneto 48), a palinódia – "Rasga meus versos, crê na Eternidade!" (soneto 50).

Poeta do fim do século XVIII em Portugal, Bocage se coloca como um epígono do Classicismo e um prógono do Romantismo. Como neoclássico, apenas continua numa trilha em que Camões atingira as cumeadas, utilizando temas e linguagem já bastante explorados; embora consiga realizar bons poemas – em especial, sonetos – nada traz de novo. Como prógono do Romantismo, abre caminhos, mais nos temas que nas estruturas, que continuam bastante amarradas à tradição clássica. Por temperamento e por formação, era um pré-romântico; seu gosto pela solidão e pelo silêncio, pelas sombras povoadas de mochos ou fantasmas, pela natureza agreste, às vezes *locus horrendus*, pela tristeza e pela morte, pelo amor do amor, faz do melhor de sua obra – dos sonetos, principalmente – a criação de um romântico no qual, aqui e ali, reponta o ultrarromantismo.

Nos outros muitos gêneros em que poetou, permitiu-se algumas liberdades métricas e usou versos brancos, mantendo-se, no entanto, fiel aos cânones clássicos. Curiosamente, foi nos sonetos, na prisão de catorze versos, de esquema rímicos mais ou menos fixos, que deu largas à sua inspiração apaixonada, atingindo pontos dos mais altos da poesia em língua portuguesa.

Os textos transcritos nesta antologia reproduzem fielmente a versão das *Opera Omnia* de Bocage, direção de Hernâni Cidade, em seis volumes, editadas em Lisboa, pela Livraria Bertrand, de 1969 a 1973. Dada a alta qualificação do diretor da publicação e de seus colaboradores, e a dificuldade de acesso a todas as edições que compulsaram, optou-se por seguir o texto dessa que é, sem dúvida, a melhor e mais completa edição do poeta.

Ao lado de Hernâni Cidade, que se encarregou da preparação do texto dos sonetos, estão: José Gonçalo Herculano de Carvalho – odes, canções, epístolas, cantos, cantatas, elegias, epicédios, sátiras, poesias várias, fragmentos –, Maria Helena Paiva Joachin – elogios, elogios dramáticos, traduções – e António Salgado Júnior – poesia anacreôntica, poesia sobre mote, poesia epigramática, apólogos ou fábulas morais e vária.

Trazidos para cá na mesma ordem em que figuram nas *Opera Omnia*, os textos sofreram apenas pequenas alterações ortográficas correspondentes às diferenças entre as pronúncias portuguesa e brasileira.

Aqui se encontram textos dos quatro primeiros volumes, já que os dois últimos apenas contêm traduções. Como se pode ver, nem de toda a poesia original se trouxeram espécimes para compor o conjunto: a exclusão se deveu, algumas vezes, à excessiva extensão dos poemas, outras, à menor qualidade destes. Ainda assim, considera-se válida esta amostragem da obra poética de Bocage.

Cleonice Berardinelli

SONETOS

I – COMO O POETA SE RETRATA E JULGA SUA OBRA

1. Magro, de olhos azuis, carão moreno,
   Bem servido de pés, meão na altura,
   Triste de facha, o mesmo de figura,
   Nariz alto no meio, e não pequeno;

   Incapaz de assistir num só terreno,
   Mais propenso ao furor do que à ternura;
   Bebendo em níveas mãos, por taça escura,
   De zelos infernais letal veneno;

   Devoto incensador de mil deidades
   (Digo, de moças mil) num só momento,
   E somente no altar amando os frades,

   Eis Bocage em quem luz algum talento;
   Saíram dele mesmo estas verdades,
   Num dia em que se achou mais pachorrento.[1]

   *

2. De céruleo gabão[2] não bem coberto,
   Passeia em Santarém chuchado moço,
   Mantido às vezes de sucinto almoço,
   De ceia casual, jantar incerto;

Dos esburgados peitos quase aberto,
Verso impinge por miúdo e grosso.
E do que em frase vil chamam *caroço*,[3]
Se o quer, é *vox clamantis in deserto*.

Pede às moças ternura, e dão-lhe motes!
Que tendo um coração como estalage,
Vão nele acomodando a mil pexotes.[4]

Sabes, leitor, quem sofre tanto ultraje,
Cercado de um tropel de franchinotes?[5]
É o autor do soneto: é o Bocage!

*

3. Chorosos versos meus desentoados,
Sem arte, sem beleza e sem brandura,
Urdidos pela mão da Desventura,
Pela baça Tristeza envenenados:

Vede a luz, não busqueis, desesperados,
No mundo esquecimento a sepultura;
Se os ditosos vos lerem sem ternura,
Ler-vos-ão com ternura os desgraçados.

Não vos inspire, ó versos, cobardia
Da sátira mordaz o furor louco,
Da maldizente voz a tirania.

Desculpa tendes, se valeis tão pouco;
Que não pode cantar com melodia
Um peito, de gemer cansado e rouco.

*

4.   Já sobre o coche de ébano estrelado,
Deu meio giro a Noite escura e feia;
Que profundo silêncio me rodeia
Neste deserto bosque, à luz vedado!

Jaz entre as folhas Zéfiro abafado,
O Tejo adormeceu na lisa areia;
Nem o mavioso rouxinol gorjeia,
Nem pia o mocho, às trevas costumado.

Só eu velo, só eu, pedindo à Sorte
Que o fio com que está minh'alma presa
À vil matéria lânguida, me corte.

Consola-me este horror, esta tristeza,[6]
Porque a meus olhos se afigura a Morte
No silêncio total da Natureza.

*

5.   A loira Fílis na estação das flores,
Comigo passeou por este prado
Mil vezes; por sinal, trazia ao lado
As Graças, os Prazeres e os Amores.

Quantos mimos então, quantos favores,
Que inocente afeição, que puro agrado
Me não viram gozar (oh, doce estado!)
Mordendo-se de inveja, os mais pastores!

Porém, segundo o feminil costume,
Já Fílis se esqueceu do amor mais terno,
E com Jônio se ri de meu queixume.

Ah! se nos corações fosses eterno
Tormento abrasador, negro ciúme,
Serias tão cruel como os do Inferno!

*

6. Ó tranças de que Amor prisões me tece,
Ó mãos de neve, que regeis meu fado!
Ó tesoiro! Ó mistério! Ó par sagrado,
Onde o menino alígero adormece!

Ó ledos olhos, cuja luz parece
Tênue raio de sol! Ó gesto amado,
De rosas e açucenas semeado,
Por quem morrera esta alma, se pudesse!

Ó lábios, cujo riso a paz me tira,
E por cujos dulcíssimos favores
Talvez o próprio Júpiter suspira!

Ó perfeições! Ó dons encantadores!
De quem sois?... Sois de Vênus? – É mentira;
Sois de Marília, sois dos meus amores.

*

7. Guiou-me ao templo do letal Ciúme
A Desesperação que em mim fervia;
O cabelo de horror se me arrepia,
Ao recordar o formidável nume.

Fumegava-lhe aos pés tartáreo lume,
Crespa serpe as entranhas lhe roía;
Eram ministros seus a Aleivosia,
O Susto, a Morte, a Cólera, o Queixume.

"Cruel!! (grito em frenético transporte)
Dos sócios teus, no Báratro gerados,
Dá-me um só, que te invejo – a Morte, a Morte."

"Cessa (diz) os teus rogos são baldados:
Querem ter-te no mundo Amor e a Sorte,
Para consolação dos desgraçados."

*

8. Fiei-me nos sorrisos da Ventura,
Em mimos feminis. Como fui louco!
Vi raiar o prazer; porém tão pouco
Momentâneo relâmpago não dura.

No meio agora desta selva escura,
Dentro deste penedo úmido e oco,
Pareço, até num tom lúgubre e rouco,
Triste sombra a carpir na sepultura.

Que estância pra mim tão própria é esta!
Causais-me um doce e fúnebre transporte,
Áridos matos, lôbrega floresta!

Ah!, não me roubou tudo a negra Sorte:
Inda tenho este abrigo, inda me resta
O pranto, a queixa, a solidão e a morte. [7]

*

9. A teus mimosos pés, meu bem, rendido,
Confirmo os votos que a traição manchara;
Fumam de novo incenso sobre a ara,
Que a vil ingratidão tinha abatido.

De novo sobre as asas de um gemido
Te of'reço o coração que te agravara;
Saudoso torno a ti, qual torna à cara,
Perdida Pátria o mísero banido;

Renovemos o nó por mim desfeito,
Que eu já maldigo o tempo desgraçado
Em que a teus olhos não vivi sujeito;

Concede-me outra vez o antigo agrado;
Que mais queres? Eu choro, e no meu peito
O punhal do remorso está cravado.

*

10. Os garços olhos, em que Amor brincava,
Os rubros lábios, em que Amor se ria,
As longas tranças, de que Amor pendia,
As lindas faces, onde Amor brilhava;

As melindrosas mãos, em que Amor beijava,
Os níveos braços, onde Amor dormia,
Foram dados, Armânia, à terra fria,
Pelo fatal poder que a tudo agrava.

Seguiu-te Amor ao tácito jazigo,
Entre as irmãs cobertas de amargura,
E eu que faço (ai de mim!) como os não sigo?

Que há no mundo que ver, se a Formosura,
Se Amor, se as Graças, se o prazer contigo
Jazem no eterno horror da sepultura?

*

11. Em veneno letífero nadando,
No roto peito o coração me arqueja;
E ante meus olhos, hórrido, negreja
De mortais aflições espesso bando.

Por ti, Marília, ardendo e delirando
Entre as garras aspérrimas da Inveja,
Amaldiçoo Amor, que ri e adeja
Pelos ares, co'os Zéfiros brincando.

Recreia-se o traidor com meus clamores,
E meu cioso pranto... Ó Jove, ó nume,
Que vibras os coriscos vingadores!

Abafa as ondas do tartáreo lume,
Que para os que provocam teus furores
Tens inferno pior, tens o ciúme.

*

12. Ó retrato da Morte! Ó Noite amiga,
Por cuja escuridão suspiro há tanto!
Calada testemunha de meu pranto,
De meus desgostos secretária antiga!

Pois manda Amor que a ti somente os diga,
Dá-lhes pio agasalho no teu manto;
Ouve-nos, como costumas, ouve enquanto
Dorme a cruel, que a delirar me obriga.

E vós, ó cortesão da escuridade,
Fantasmas vagos, mochos piadores,
Inimigos, como eu, da claridade!

Em bandos acudi aos meus clamores;
Quero a vossa medonha sociedade,
Quero fartar meu coração de horrores.

*

13. Entre as tartáreas forjas, sempre acesas,
Jaz aos pés do tremendo, estígio nume,
O carrancudo, o rábido Ciúme,
Ensanguentadas as corruptas presas.

Traçando o plano de cruéis empresas,
Fervendo em ondas de sulfúreo lume,
Vibra das fauces o letal cardume
De hórridos males, de hórridas tristezas.

Pelas terríveis Fúrias instigado,
Lá sai do Inferno, e para mim se avança
O negro monstro, de áspides toucado.

Olhos em brasa de revés me lança.
Ó dor! Ó raiva! Ó morte!... Ei-lo a meu lado,
Ferrando as garras na vipéria trança.

*

14. Importuna Razão, não me persigas;
Cesse a ríspida voz quem em vão murmura,
Se a lei de Amor, se a força da ternura
Nem domas, nem contrastas, nem mitigas

Se acusa os mortais, e os não obrigas,
Se, conhecendo o mal, não dás a cura,
Deixa-me apreciar minha loucura;
Importuna Razão, não me persigas.

É teu fim, teu projeto encher de pejo
Esta alma, frágil vitima daquela
Que, injusta e vária, noutro laços vejo.

Quer que fuja de Marília bela,
Que a maldiga, a desdenhe; e o meu desejo
É carpir, delirar, morrer por ela.

*

15. Ó trevas, que enlutais a Natureza,
Longos ciprestes desta selva anosa,
Mochos de voz sinistra e lamentosa,
Que dissolveis dos fados a incerteza;

Manes, surgidos da morada acesa,
Onde de horror sem fim Plutão se goza,
Não aterrais esta alma dolorosa,
Que é mais triste que vós minha tristeza.

Perdi o galardão da fé mais pura,
Esperança frustrei do amor mais terno,
A posse da celeste formosura.

Volvei, pois, sombras vãs, ao fogo eterno
E, lamentando a minha desventura,
Movereis à piedade o mesmo inferno.

*

16. Já no calado monumento escuro
Em cinzas se desfez teu corpo brando;
E pude eu ver, ó Nise, o doce, o puro
Lume dos olhos teus ir-se apagando!

Hórridas brenhas, solidões procuro,
Gruta sem luz, frenético demando,
Onde maldigo o Fado acerbo e duro,
Teu riso, teus afagos suspirando.

Darei da minha dor contínua prova,
Em sombras cevarei minha saudade,
Insaciável sempre e sempre nova,

Té que torne a gozar da claridade
Da luz que me inflamou, que se renova
No seio da brilhante Eternidade.

*

17. Vai-te, fera cruel, vai-te, inimiga,
    Horror do mundo, escândalo da gente,
    Que um férreo peito, uma alma que não sente,
    Não merece a paixão que me afadiga.

    O Céu te falte, a Terra te persiga,
    Negras fúrias o Inferno te apresente,
    E da baça tristeza o voraz dente
    Morda o vil coração que Amor não liga.

    Disfarçados, mortíferos venenos,
    Entre licor suave em áurea taça,
    Mão vingativa te prepare ao menos;

    E seja, seja tal sua desgraça,
    Que ainda por mais leves, mais pequenos,
    Os meus tormentos invejar te faça.

*

18. Ó deusa, que proteges dos amantes
    O destro furto, o crime deleitoso,
    Abafa com teu manto pavoroso
    Os importunos astros vigilantes.

    Quando adoçar meus lábios anelantes
    No seio de Ritália melindroso,
    Estorva que os maus olhos do invejoso
    Turbem de amor os sôfregos instantes.

    Tétis formosa, tal encanto inspire
    Ao namorado Sol teu nível rosto,
    Que nunca de teus braços se retire!

    Tarde ao menos o carro à Noite oposto,
    Até que eu desfaleça, até que eu expire
    Nas ternas ânsias, no inefável gosto.

                        *

19. Da minha ingrata Flérida gentil
    Os verdes olhos esmeraldas são;
    É de cândida prata a lisa mão,
    Onde eu de um beijo passaria a mil.

    A trança, cor do Sol, rede sutil
    Em que se foi prender meu coração,
    É de oiro, o pai da túmida ambição,
    Prole fatal do cálido Brasil.

    Seu peito delicado e tentador
    É porção de alabastro, a quem jamais
    Penetraram farpões do deus traidor.

Mas como há-de a tirana ouvir meus ais,
Como há-de esta cruel sentir amor,
Se é composta de pedras e metais!

*

GLOSANDO O MOTE:

"Morte, juízo, inferno e paraíso"

20.   Em que estado, meu bem, por ti me vejo,
Em que estado infeliz, penoso e duro!
Delido o coração de um fogo impuro,
Meus pesados grilhões adoro e beijo.

Quando te logro mais, mais te desejo;
Quando te encontro mais, mais te procuro;
Quando mo juras mais, menos seguro
Julgo esse doce amor, que adorna o pejo.

Assim passo, assim vivo, assim meus fados
Me desarreigam d'alma a paz e o risco,
Sendo só meu sustento os meus cuidados;

E, de todo apagada a luz do siso,
Esquecem-me (ai de mim!) por teus agrados
Morte, Juízo, Inferno e Paraíso.

*

21.   Debalde um véu cioso, ó Nise, encobre
Intactas perfeições ao meu desejo;
Tudo o que escondes, tudo o que não vejo
A mente audaz e alígera descobre.

Por mais e mais que as sentinelas dobre
A sisuda Modéstia, o cauto Pejo,
Teus braços logro, teus encantos bejo,
Por milagre da ideia afoita e nobre.

Inda que prêmio teu rigor me negue,
Do pensamento a indômita porfia
Ao mais doce prazer me deixa entregue.

Que pode contra Amor a tirania,
Se as delícias, que a vista não consegue,
Consegue a temerária fantasia?

*

22. Em sonhos na escaldada fantasia
Vi que torvo dragão de olhos fogosos
Com afiados dentes sanguinosos
As tépidas entranhas me rompia.

Alva ninfa louçã, que parecia
A mãe dos Amorinhos melindrosos,
Raivosa contra mim, co'os pés mimosos
Mais o dragão faminto embravecia.

De mármore a meu pranto, a meu queixume,
Deste mal, deste horror sem dó, sem pena,
Via dos olhos meus sumir-se o lume.

Ah! não foi ilusão tão triste cena:
O monstro devorante era o Ciúme,
A cruel, que o pungia, era Filena.

*

23. O Céu não te dotou de formosura,
    De atrativo exterior, e a Natureza
    Teu peito inficionou co'a vil torpeza
    De ingrata condição, falaz e impura.

    Influiu-me os extremos da ternura
    A constância, o fervor e a singeleza,
    Essesdons mais gentis que a gentileza,
    Dons que o tempo fugaz não desfigura.

    Apesar da traição, do fingimento
    Que te infama e desluz, se enleva e para
    Em ti, alma infiel, meu pensamento.

    Nas paixões a razão nos desampara;
    Se a razão presidisse ao sentimento,
    Tu morreras por mim, eu não te amara.

    *

24. Sobre estas duras, cavernosas fragas,
    Que o marinho furor vai carcomendo,
    Me estão negras paixões n'alma fervendo
    Como fervem no pego as crespas vagas.

    Razão feroz, o coração me indagas,
    De meus erros a sombra esclarecendo,
    E vás neles (ai de mim!) palpando e vendo
    De agudas ânsias venenosas chagas.

    Cego a meus males, surdo a teu reclamo,
    Mil objetos de horror co'a ideia eu corro,
    Solto gemidos, lágrimas derramo.

Razão, de que me serve o teu socorro?
Mandas-me não amar, eu ardo, eu amo;
Dizes-me que sossegue, eu peno, eu morro.

*

25. Fatais memórias da traidora Alcina,
Daquela que encantou meu pensamento,
Se vos quero sumir no esquecimento,
Não o consente Amor, que me domina.

Que é da Razão, que as almas ilumina?
Por que não põe limite a meu tormento?
Ah! que mal que a definem, se exp'rimento
Que não pode evitar-nos a ruína!

Do que estorvar não sabe, ela murmura,
Deixando-me os efeitos perigosos
De amorosa, frenética amargura.

E inda são para mim menos penosos
Os horrores da minha desventura,
Que a vista, que o prazer dos venturosos.

*

26. O céu, de opacas sombras abafado,
Tornando mais medonha a noite feia;
Mugindo sobre as rochas, que salteia,
O mar, em crespos montes levantando;

Desfeito em furacões o vento irado;
Pelos ares zunindo a solta areia;
O pássaro noturno, que vozeia
No agoireiro cipreste além pousado,

Formam quadro terrível, mas aceito,
Mas grato aos olhos meus, grato à fereza
Do ciúme e saudade, a que ando afeito.

Quer no horror igualar-me à Natureza;
Porém cansa-se em vão, que no meu peito
Há mais escuridade, há mais tristeza.

*

27. Nos torpes laços de beleza impura
Jazem meu coração, meu pensamento,
E, forçada ao servil abatimento,
Contra os sentidos a Razão murmura.

Eu, que outrora incensava a formosura
Das que enfeita o pudor gentil e isento,
A já corrupta ideia hoje apascento
Nos falsos mimos de venal ternura.

Se a vejo repartir prazer e agrado
Àquele, a este, co'a fatal certeza
Fermenta o vil desejo envenenado.

Céus! Quem me reduziu a tal baixeza?
Quem tão cego me pôs?... Ah! foi meu Fado,
Que tanto não podia a Natureza.

*

28. Ó tu, consolador dos malfadados,
Ó tu, benigno dom da mão divina,
Das mágoas saborosa medicina,
Tranquilo esquecimento dos cuidados;

Aos olhos meus, de prantear cansados,
Cansados de velar, teu voo inclina;
E vós, sonhos de amor, trazei-me Alcina,
Dai-me a doce visão de seus agrados.

Filha das trevas, frouxa sonolência,
Dos gostos entre o férvido transporte,
Quanto me foi suave a tua ausência!

Ah!, findou para mim tão leda sorte;
Agora é só feliz minha existência
No mudo estado que arremeda a morte.

*

GLOSANDO O MOTE:

"A morte para os tristes é ventura"

29. Quem se vê maltratado e combatido
Pelas cruéis angústias da indigência,
Quem sofre de inimigos a violência,
Quem geme de tiranos oprimido;

Quem não pode, ultrajado e perseguido,
Achar nos Céus ou nos mortais clemência,
Quem chora finalmente a dura ausência,
De um bem que para sempre está perdido,

Folgará de viver, quando não passa
Nem um momento em paz, quando a amargura
O coração lhe arranca e despedaça?

Ah!, só deve agradar-lhe a sepultura,
Que a vida para os tristes é desgraça,
A *morte para os tristes é ventura.*

*

30. Se é doce no recente, ameno Estio
    Ver tocar-se a manhã de etéreas flores,
    E, lambendo as areias e os verdores,
    Mole e queixoso deslizar-se o rio;

    Se é doce no inocente desafio
    Ouvirem-se os voláteis amadores,
    Seus versos modulando e seus ardores
    Dentre os aromas de pomar sombrio;

    Se é doce mares, céus ver anilados
    Pela quadra gentil, de Amor querida,
    Que esperta os corações, floreia os prados,

    Mais doce é ver-te de meus ais vencida,
    Dar-me em teus brandos olhos desmaiados
    Morte, morte de amor, melhor que a vida.

*

GLOSANDO O MOTE:

"Das almas grandes a nobreza é esta"

31. Apertando de Nise a mão nevada,
    A furto lhe pergunto: "De mim gosta?"
    Cala-se Nise, e manda-me resposta
    Nas asas de estrondosa bofetada!

"Que é isso?", grita a mãe. "Senhora, é nada".
Lhe responde com voz branda e composta;
Ferve sussurro aqui, e à parte oposta
Rebenta insultadora pateada.

"Calai-vos (lhes gritei), homens estultos!
Achei Nise guardando o lume a Vesta
Quando julguei que o Amor rendia cultos.

"Sou nobre!, sou herói!, vamos à festa!
Amar, e por Amor sofrer insultos,
Das almas grandes a nobreza é esta".

*

32. Eu me ausento de ti, meu pátrio Sado,[8]
Mansa corrente deleitosa, amena,
Em cuja praia o nome de Filena
Mil vezes tenho escrito e mil beijado.

Nunca mais me verás entre o meu gado,
Sobrando a namorada e branda avena,
A cujo som descias mais serena,
Mais vagarosa para o mar salgado.

Devo, enfim, manejar, por lei da Sorte,
Cajados não, mortíferos alfanges,
Nos campos do colérico Mavorte;

E talvez entre impávidas falanges
Testemunhas farei da minha morte
Remotas margens, que umedece o Ganges.

*

33. Ah!, que fazes, Elmano? Ah!, não te ausentes
Dos braços de Gertrúria carinhosa.
Trocas do Tejo a margem deleitosa
Por bárbaro país, bárbaras gentes?!

Um tigre te gerou, se dó não sentes
Vendo tão consternada e tão saudosa
A Tágide mais linda e mais mimosa.
Ah!, que fazes, Elmano? Ah!, não te ausentes!

Teme os duros cachopos, treme, insano,
Do enorme Adamastor, que sempre vela
Entre as fúrias e os monstros do Oceano.

Olha nos lábios de Gertrúria bela
Como suspira Amor!... Vê, vê, tirano,
As Graças a chorar nos olhos dela!

*

34. Apenas vi do dia a luz brilhante
Lá de Túbal no empório celebrado,
Em sanguíneo carácter foi marcado
Pelos Destinos meu primeiro instante.

Aos dois lustros a morte devorante
Me roubou, terna mãe, teu doce agrado;
Segui Marte depois, enfim, meu fado
Dos irmãos e do pai me pôs distante.

Vagando a curva terra, o mar profundo,
Longe da Pátria, longe da Ventura
Minhas faces com lágrimas inundo.

E enquanto insana multidão procura
Essas quimeras, esses bens do mundo,
Suspiro pela paz da sepultura.

*

35. Filho, Espírito e Pai, três e um somente,
Que extraíste do caos, do pó, do nada
O sol doirado, a Lua prateada,
O racional e irracional vivente;

Eterno, justo, imenso, omnipotente,
Que ocupas essa abóbada estrelada,
Grão Ser, de cuja força ilimitada
A máquina do mundo está pendente;

Tu, que se queres, furacão violento,
Sumatra feia, tempestade escura
Desatas e subjugas num momento;

Criador que remiste a criatura,
Quebra o furor do túmido elemento,
Que nos abre no Inferno a sepultura.

*

36. Sonhei que, nos meus braços inclinado,
Teu rosto encantador, Gertrúria, via;
Que mil ávidos beijos me sofria
Teu níveo colo, para os mais sagrado.

Sonhei que era feliz por ser ousado,
Que o siso, a força, a voz, a cor perdia
Num êxtase suave, em que bebia
O néctar nem por Jove inda libado.

Mas no mais doce, no melhor momento,
Exalando um suspiro de ternura,
Acordo, acho-te só no pensamento.

Ó Destino cruel! Ó Sorte escura!
Que nem me dure um vão contentamento!
Que nem me dure em sonhos a ventura!

*

37. Aquele a quem mil bens outorga o Fado,
Deseje, com razão, da vida amigo,
Nos anos igualar Nestor, o antigo,
De trezentos invernos carregado.

Porém eu sempre triste, eu desgraçado,
Que só nesta caverna encontro abrigo,
Porque não busco as sombras do jazigo,
Refugio perdurável e sagrado?

Ah!, bebe o sangue meu, tosca morada!
Alma, quebra as prisões da humanidade,
Despe o vil manto que pertence ao nada!

Mas eu tremo!... Que escuto?... É a Verdade,
É ela, é ela que do Céu me brada...
Oh, terrível pregão da Eternidade!

*

38. Camões, grande Camões, quão semelhante
Acho teu fado ao meu, quando os cotejo!
Igual causa nos fez, perdendo o Tejo,
Arrostar co'o sacrílego gigante;

Como tu, junto ao Ganges sussurrante,
Da penúria cruel no horror me vejo;
Como tu, gostos vãos, que em vão desejo,
Também carpindo estou, saudoso amante.

Ludíbrio, como tu, da Sorte dura
Meu fim demando ao Céu, pela certeza
De que só terei paz na sepultura.

Modelo meu tu és, mas... oh tristeza
Se te imito nos transes da Ventura,
Não te imito nos dons da Natureza.

*

39. Tu, Goa, *in illo tempore* cidade,
Sempre tens habitantes de bom lote!
Não receiam que a cor se lhes desbote,
Privilégio da mista qualidade.

Nenhum há que não conte, e sem vaidade,
Que seu primeiro avô, brutal Quixote,
Dera no padre Adão com um chicote,
Por lhe haver disputado a antiguidade.

Diz-nos esta república de loucos
Que o cofre de Marata é ninharia,
Que do Grão-Turco os réditos são poucos;

Mas em casando as filhas, quem diria
Que o dote consistisse em quatro cocos,
Um cafre, dez bajus[9] e a senhoria![10]

*

40. Adamastor cruel! De teus furores
Quantas vezes me lembro horrorizado!
Ó monstro! Quantas vezes tens tragado
Do soberbo Oriente os domadores!

Parece-me que entregue a vis traidores
Estou vendo Supúlveda afamado,
Co'a esposa e co'os filhinhos abraçado,
Qual Mavorte com Vênus e os Amores.

Parece-me que vejo o triste esposo,
Perdida e tenra prole e a bela dama,
Às garras dos leões correr furioso.

Bem te vingaste em nós do afoito Gama!
Pelos nossos desastres és famoso.
Maldito Adamastor! Maldita fama!

*

A Belchior Manuel Curvo Semedo

41. Intruso no apolíneo santuário,
Dar leis a cegos, iludir pedantes,
Uivar entre as frenéticas bacantes,
Qual vago lobisomem em seu fadário.

Voar de dicionário em dicionário,
Pilhando aqui e ali porções brilhantes;
Aguarentar com mãos surripiantes
Pigmeu de Sintra, teu verboso erário;

Por fofos versos compassar trejeitos,
Converter em trovão qualquer suspiro,
Em tarda prova chã roncar preceitos;

Com remendadas púrpuras de Tiro
Vestir absurdos, embuçar defeitos,
Eis os progressos do pavão Belmiro.[11]

*

Uma sessão da Academia de Belas-Letras de Lisboa,
mais conhecida pela denominação de "Nova Arcádia"

42. Preside o neto da rainha Ginga[12]
À corja vil, aduladora, insana.
Traz sujo moço amostras de chanfana,
Em copos desiguais se esgota a pinga.

Vem pão, manteiga e chá, tudo à catinga;
Masca farinha a turba americana;
E o orangotango a corda à banza abana,
Com gesto e visagem de mandinga.

Um bando de comparsas logo acode
Do fofo Conde ao novo Talaveiras;
Improvisa berrando o rouco bode.

Aplaudem de contínuo as frioleiras
Belmiro em ditirambo, o ex-frade em ode.
Eis aqui de Lereno as quartas-feiras.

*

Ideias Morais e Religiosas

43. Em sórdida masmorra aferrolhado,
De cadeias aspérrimas cingido,
Por ferozes contrários perseguido,
Por línguas impostoras criminado;

Os membros quase nus, o aspecto honrado
Por vil boca e vil mão, roto e cuspido,
Sem ver um só mortal compadecido
De seu funesto, rigoroso estado;

O penetrante, o bárbaro instrumento
De atroz, violenta, inevitável Morte,
Olhando já na mão do algoz cruento,

Inda assim não maldiz a iníqua Sorte,
Inda assim tem prazer, sossego, alento,
O sábio verdadeiro, o justo, o forte.

*

44. Os milhões de áureos lustres coruscantes
    Que estão da azul abóbada pendendo;
    O Sol e a que ilumina o trono horrendo
    Dessa que amima os ávidos amantes;

    As vastíssimas ondas arrogantes,
    Serras de espuma contra os céus erguendo,
    A leda fonte humilde chão lambendo,
    Loirejando as searas flutuantes;

    O vil mosquito, a próvida formiga,
    A rama chocalheira, tronco mudo,
    Tudo que há Deus a confessar me obriga.

    E para crer num braço, autor de tudo,
    Que recompensa os bons, que os maus castiga,
    Não só da fé, mas da razão me ajudo.

*

45. Ó Rei dos reis, ó Árbitro do mundo,
Cuja mão sacrossanta os maus fulmina,
E a cuja voz, terrífica e divina,
Lúcifer treme, no seu caos profundo;

Lava-me as nódoas do pecado imundo;
Que as almas cega, as almas contamina;
O rosto para mim piedoso inclina,
Do eterno império teu, do Céu rotundo.

Estende o braço, a lágrimas propício,
Solta-me os ferros, em que choro e gemo,
Na extremidade já do precipício.

De mim próprio me livra, ó Deus supremo,
Porque o meu coração, propenso ao vício,
É, Senhor, o contrário que mais temo!

*

*Ao Padre José Manual de Abreu e Lima,
que, aproveitando-se da prisão do autor, lhe
tomara o primeiro ato do drama* "A Restauração
de Lisboa" *e, completando-o, o pôs em cena como seu*

46. Em vão, Padre José, padre ou sacrista,
De magra cachimônia, estéril pena,
Encaixas do Salitre sobre a cena
D'alta Lisboa a célebre conquista.

Bocage dentre grades, pela vista
Contra um roubo, mais certo que o de Helena;
E a cômica Talia te condena
Dos plagiários vis a andar na lista.

De "Afonso" houveste às mãos ato primeiro,
Fruto do pobre autor encarcerado,
E deste a consciência por dinheiro.

Roubaste-lo, por o ver encafuado?
Cuidas talvez que é cova o Limoeiro?[13]
Ora treme de o ver ressuscitado!

*

NA DOENÇA

47. Pouco a pouco a letífera Doença
Dirige para mim trêmulos passos,
Eis seus caídos, macilentos braços,
Eis a sua terrífica presença.

Virá pronunciar final sentença,
Em meu rosto cravando seus olhos baços,
Virá romper-me à vida os tênues laços
A fouce, contra a qual não há defesa.

Oh!, vem, deidade horrenda, irmã da Morte,
Vem, que esta alma, avezada a mil conflitos,
Não se assombre no teu, bem que mais forte.

Mas ah!, mandando ao Céu meus ais contritos,
Espero que primeiro que o teu corte
Me acabe viva dor dos meus delitos.

*

48. Meu ser evapore na lida insana
Do tropel de paixões, que me arrastava;
Ah!, cego eu cria, ah!, mísero eu sonhava
Em mim quase imortal a essência humana.

De que inúmeros sóis a mente ufana
Existência falaz me não doirava!
Mas eis sucumbe a Natureza escrava
Ao mal que a vida em sua origem dana.

Prazeres, sócios meus e meus tiranos!
Esta alma, que sedenta em si não coube,
No abismo vos sumiu dos desenganos.

Deus, ó Deus!... Quando a morte à luz me roube,
Ganhe um momento o que perderam anos,
Saiba morrer o que viver não soube.

*

Ao Sr. José Agostinho de Macedo
Nomen... erit indelebile nostrum.

OVÍDIO, Metam. LIV. XV

49. Versos de Elmiro[14] os tempos avassalam
(Versos, que imprime em si a Eternidade!),
São novos estes sons da Humanidade;
Cantas, ó gênio, como os deuses falam!

Parece que as pirâmides se abalam
A agoiros de terrível majestade;
Que a marmórea, estupenda imensidade
Das moles do alto Nilo a terra igualam!

Meus dias (de oiro já como os primevos),
Salvas do cru Saturno e Morte crua,
Duma e doutra existência algozes sevos.

Rivais a duração do Sol e a sua,
Calcando a Parca, atropelando os Evos,
Elmano viverá da glória tua!

*

50. Já Bocage não sou!... À cova escura
Meu estro vai parar desfeito em vento...
Eu aos Céus ultrajei! O meu tormento
Leve me torne sempre a terra dura.

Conheço agora já quão vã figura
Em prosa e verso fez meu louco intento,
Musa!...Tivera algum merecimento.
Se um raio da razão seguisse, pura!

Eu me arrependo; a língua quase fria
Brade em alto pregão à mocidade,
Que atrás do som fantástico corria:

"Outro, Aretino fui... A santidade
Manchei... Oh!, se me creste, gente ímpia,
Rasga meus versos, crê na Eternidade!"

ODE

OS AMORES

   Dos malignos Amores
Girava os ares o volátil bando,
   Seus áureos passadores
Dos ebúrneos carcases semeando.

   O mais destro frecheiro,
O chefe da invencível companhia,
   Que tem do mundo inteiro
A seus pés o destino e monarquia;

   Aquele, que em desmaio
Muda ao tigre o furor, se a dextra move,
   Que até, sem medo ao raio,
Sacrílego farpão cravara em Jove,

   Do azul campo sereno
Desce, em fim, co'os irmãos a fértil prado,
   Vizinho ao Tejo ameno,
E diz à turma, de que vem cercado:

   "Eu, que não satisfeito
De combater, de triunfar na Terra,
   Convosco tenho feito
Aos próprios Céus inevitável guerra;

Eu, que prazer sentia
Em forjar aos mortais mortais pesares,
  Que ufano, alegre, via
O sangue borbulhar nos meus altares;

  Eu, que em mavórcia lida
Tornei purpúreo o límpido Scamandro,
  Eu, cruento homicida
De Hero gentil, do nadador Leandro;

  Neste dia de gosto.
Em que brotou de generosa planta
  Aquela, cujo rosto
Almas cativa, corações encanta;

  Neste bom dia, em que ela,
Em que Marília, nossa glória, Amores,
  Apareceu mais bela
Que a flor de Vênus na estação das flores;

  Do que fiz me arrependo,
Quero afamar-me por mais alta empresa;
  Eternizar pretendo
A melhor produção da Natureza.

  Um de vós, sem demora.
Procure o Velho, que era perpétua fome
  Rijos troncos devora,
O ferro, o bronze, o mármore consome:

  Vá dizer-lhe que parta
Logo o instrumento sanguinoso, e duro,
  A fouce, nunca farta
De mandar os mortais ao reino escuro;

Que respeite, rendido,
Um dia tão sagrado e tão jucundo.
   Em que deixa Cupido
Pela primeira vez em paz o mundo.

   E se o monstro faminto
Não dobrar a cerviz no mesmo instante,
   Mostrarei que me sinto
Para a vingança com valor bastante;

   Farei que saiba o quanto
Pode o fervor de um amoroso afeto;
   Farei que lave em pranto
As cãs espessas do medonho aspecto.

   O mundo não tem visto
Obrar Amor prodígios cento e cento?
   Pois veja agora nisto
De meus portentos o maior portento."

   Disse, e depois que soa
Tênue sussurro, a ordem se executa:
   Um deles parte, e voa
Do Tempo à carcomida, horrível gruta:

   O Velho, injusto e forte
Consumidor das cousas, encostado
   No regaço da Morte,
Fouce na mão, cadáveres ao lado,

   Vendo entrar de repente
O belo infante, o núncio de Cupido,
   Alça a rugosa frente,
Em tom lhe diz soberbo, e desabrido:

"Infeliz! Que arrogância,
Que imprudência, que fado ou que desdita
   Te guia à negra estância,
Aonde o Tempo com a Morte habita?

   Não pasmas, não tens susto
De olhar-me? de me ouvir? Pois eu te ensino
   Com meu braço robusto
A acatar-me, a temer-me, audaz menino."

   Disse e, vermelho o gesto,
Torcendo os olhos, que chamejam ira,
   Move o braço funesto,
E co'a sanguínea fouce ao Deus atira;

   O ferro os ares mede,
Obedecendo à fúria que o sacode;
   Mas eis que retrocede
Fugindo ao nume, que ferir não pode.

   Ele então com um sorriso,
De altivez desdenhosa acompanhado,
   Volve os olhos ao liso,
Curvo instrumento, que lhe foi lançado;

   E ao monstro, que veneno
Vomita da nojosa boca escura,
   "Cessa (diz), eu to ordeno
Em nome de Marília bela e pura."

   Ele prosseguiria;
Mas os dois feros sócios, escutando
   Pela voz da Alegria
O nome encantador, suave e brando,

Quais os deuses do Inferno.
Que a fronte, ouvindo Orfeu, desenrugaram,
   E o férreo cetro eterno
Das inflexíveis mãos cair deixaram,

   O furor impaciente,
Que as entranhas lhe[15] rói, súbito amansam;
   Erguem-se, e de repente
Da mimosa deidade aos pés se lançam.

   "Adorável menino
(Clamam tremendo os dois), tu nos domaste,
   Quando o nome divino
Da singular Marília articulaste.

   Dize, dize o que intentas,
Que já qualquer de nós te está sujeito,
   E as nossas mãos cruentas
Trêmulas vês de afeto e de respeito".

   "Quero já destruído
(Torna o menino), em honra deste dia,
   Esse ferro buído,
Que com vipéreo sangue a Morte afia.

   Marília, cujo agrado
Desencrespa e serena o mar e o vento,
   Hoje vê renovado
Seu natalício festival momento.

   A destra Natureza
De regozijo, de altivez se cobre
   Por criar tal beleza,
Alma tão pura, coração tão nobre.

    Até Vênus benigna
A disputar-lhe os cultos não se atreve;
    A louva, a julga digna
Dos cisnes e da concha cor de neve.

    Eia, pois, humilhados
De Marília ante os olhos vencedores,
    Ante os dois adorados
Ninhos das Graças, ninhos dos Amores,

    Sacrificai-lhe as fúrias,
As fúrias que defesa não consentem;
    Nunca, nunca as injúrias
Do Tempo ou Morte profaná-la intentem."

    Com isto os lábios cerra,
E logo o Tempo dos nervosos braços
    Arroja sobre a terra
A fouce, que entre as mãos fez em pedaços;

    Depois, inda curvado,
Diz: "Está transgredida a lei da Sorte;
    Amor, vai descansado,
Que a Marília veneram Tempo e Morte."

    Ao seu gentil monarca
Torna o menino alígero e lhe conta
    Que o Tempo achou, e a Parca
Pronto a seu mando, a seus desejos pronta.

    Juntos então revoam,
E, de Marília próximos aos lares,
    Os Amores entoam
Hinos canoros nos cerúleos ares.

CANÇÃO

O CIÚME

Agora, que ninguém vos interrompe,
Lágrimas tristes, inundai-me o rosto;
Mais do que nunca assim o quer meu Fado.
Enquanto o gume de mortal desgosto
Me não retalha os amargosos dias,
Debaixo destas árvores sombrias
Grite meu coração desesperado,
   Meu coração cativo,
Que só tem nos seus ais seu lenitivo.

Alterosas, frutíferas palmeiras,
Vós, que na glória equivaleis aos louros,
Vós, que sois dos heróis mais cobiçadas
Que áureos diademas, que reais tesouros,
Escutai meus tormentos, meus queixumes,
Meus venenosos, infernais ciúmes;
Ouvi mil penas, por Amor forjadas,
   Mil suspiros, mais tristes
Que todos esses, que até'qui me ouvistes.

Aqueles campos, aprazíveis campos,
Que além verdejam, de meu mal souberam
A desgraçada mas suave origem;
Ali de uns olhos os meus ais nasceram;
Ali de um meigo, encantador sorriso,
Que arremeda o sereno paraíso,
Brotaram mil infernos, que me afligem,
  Que as entranhas me abrasam
Que meus olhos de lágrimas arrasam.

Ali de uns lábios, onde as Graças brincam,
Ouvi suspiros, granjeei favores;
Ali me disse Anarda o que eu não digo,
Ali, volvendo os ninhos dos Amores,
Cravou nest'alma, para sempre acesa,
As perigosas frechas da beleza;
Ali do próprio mal me fez amigo;
  Ali banhou meu rosto
Parte do coração, desfeita em gosto.

Novas campinas testemunhas foram
De nova glória, de maior ventura,
Tal, que julguei, logrando-a, que sonhava.
Entre as doces prisões da formosura,
Entre os cândidos braços deleitosos,
Meus crestados desejos amorosos
No alvo rosto, que o pejo afogueava,
  No néctar... Ah!, que eu morro,
Se em vós, furtivos êxtases, discorro!

Amor! Amor! Teus júbilos excedem
Da loira abelha os engenhosos favos,
Mais gratos são que as flores teus sorrisos.
Gostei todos os bens, que aos teus escravos
Fazem tão leve a rígida cadeia,
Tão doce a chama, que no peito ondeia.
Mas oh!, cruéis teus dons, cruéis teus risos,
   Princípio do tormento,
Que já me tem delido o sofrimento.

Miserável de mim! Qual o piloto,
Que lera nos azuis, filtrados ares
Indícios de uma sólida bonança,
E eis que vê de repente inchar os mares,
Vestir-se o céu de nuvens, donde chove
O fogo vingador, que vibra Jove,
Tal eu, quando supus mais segurança
   No meu contentamento,
O vi fugir nas asas de um momento.

Anarda, Anarda pérfida, teus olhos,
Onde o Amor traz escrita a minha sorte,
Teus mimos por mim só não são gozados!
Oh, desesperação pior que a morte!
Oh, danados espíritos funestos,
De hórridos vultos, de terríveis gestos,
Moderai vossa queixa, e vossos brados,
   Que as penas do profundo
Também, também se encontram cá no mundo.

Ver outro disputar-me o caro objeto,
Em cujas lindas mãos pus alma e vida,
Não me arranca suspiros: o tormento,
Que no peito me fez mortal ferida,
O maior dos tormentos, ó perjura,
É ver que de outrem sofres a ternura,
E ver que dás calor, que dás alento
   A seus mimos e amores
Co'um riso precursor de mil favores.

Tu não foges de mim, tu não te esquivas
Destes olhos, que em ti cativos andam.
Delícias, onde pasma o pensamento,
Doces instantes meu ciúme abrandam.
Mas ah!, não é só minha esta ventura,
Meu vaidoso rival a tem segura.
Que indigna variedade! Em um momento
   Teus olhos inconstantes
Acarinham sem pejo a dois amantes.

Honra, virtude, agravo e desengano
Me gritam n'alma, que sacuda os laços,
Que tanto sofrimento é já vileza;
Oiço-os, protesto desdenhar teus braços,
Protesto, ingrata, converter meus cultos
Em mil desprezos, irrisões e insultos.
Mas ah!, protestos vãos, baldada empresa!
   Sou a amar-te obrigado;
Não é loucura o meu amor, é fado.

Canção, vai suspirar de Anarda aos lares;
  Mas se não [lhe][16] firmares
O instável coração, deixa a perjura,
E iremos sossegar na sepultura.

EPÍSTOLA

> *Ao Ilustríssimo e Excelentíssimo*
> *Senhor Marquez de Pombal etc., etc.*
> *(Henrique José de Carvalho e Melo)*

> *Seigneur, si jusqu'ici par un trait de prudence*
> *J'ai demeuré pour toi dans un humble silence,*
> *Ce n'est pas que mon coeur, vainement suspendu,*
> *Balance pour t'offrir un encens qui t'est dû.*
> BOILEAU, *Discours au Roi*

Só conheço de ti grandeza e nome,
Magnânimo Pombal; jamais teus olhos
Com doce, amável, usual brandura
De meus destinos a humildade honraram;
Sempre Fortuna, do meu mal sedenta,
Vedou que, em teu louvor pulsando a lira,
Arremessasse o canto além dos tempos,
E em prêmio fosse de te dar meus hinos
Contigo reluzir na eternidade.
Declive espaço, que entre nós se estende,
Frouxo alento abatia ao vate ansioso,
Quando apenas tentava o cume excelso
Onde, reta uma vez, não caprichosa,
Te ergueu, te anima, te laureia a Sorte.
Hoje, porém, Senhor, que má Ventura
Golpes e golpes sobre mim desfecha,
Hoje que férrea lei de negros fados
Me esmaga o coração, me enluta os dias,
Ao desmedido espaço a dor se arroja,
Lenitivo benéfico implorando,

Vence o longo intervalo, a ti se eleva.
Dá-me tão alto jus tua alta fama,
Minha tribulação tem jus tão alto.
Perante as almas que a virtude acende,
É grave intercessor a adversidade:
O mortal infeliz, o desvalido
Invoca o generoso, o pio, o grande;
O grande, o pio, o generoso abriga
Das fúrias do Destino o malfadado.

   Cárcere umbroso, do sepulcro imagem,
Caladas sombras de perpétua noite
Me anseiam, me sufocam, me horrorizam.
Não rebelde infração de leis sagradas,
Não crime que aos direitos atentasse
Do Sólio, da Moral, da Natureza,
N'este profundo horror me tem submerso.
A calúnia falaz, de astúcias fértil,
Urdiu meus males, afeou meu nome,
Mil e mil vícios extraiu do Averno.
Minha fama, Senhor, que honrada, ilesa,
Vagava o seio de Ulisseia altiva,
Foi pelo estígio bando assalteada:
Bramindo, lhe enegrece a tez lustrosa,
Torna-lhe a nívea cor da cor do abismo.
Doira zelo impostor paixões danadas,
Delatores cruéis com arte envolvem
Vis interesses no exterior brilhante
Da Razão, da Justiça, e da Verdade;
Cai a Inocência, vítima da Inveja,
Dos zoilos o rancor de mim triunfa.
Eis-me vedado ao Sol, vedado ao Mundo,
Eis a reminiscência apenas traça

O quadro do Universo à minha ideia,
Que, se aos olhos ilusos dera assenso,
Julgara que inda os céus, que inda as estrelas
Não tinham rebentado à voz do Eterno;
Que a antiga escuridão, que o caos informe
No que hoje é Natureza inda reinava;
Que na mente imortal do rei dos Fados
Inda em mudo embrião jazia a Terra.
Memória e dor minha existência provam,
Porém dor e memória o ser me azedam,
E a desesperação, desfeita em pranto,
Inútil vida aborrecendo, anela
A paz e o sono do insensível nada.
Sobre meu coração tormentos fervem,
E, pela fantasia exacerbados,
Se embebem no pavor da morte horrenda.
Dum lado em trajo infame a vil Afronta,
Sórdido espectro me afogueia o rosto;
A Doce Pátria de outro lado aflita
Um doloroso adeus me diz carpindo;
Aqui e ali mil pálidos fantasmas,
Prole do Medo, com visagens feias,
Série me agoiram de amargosos danos.
Nestes horrores a existência pasma,
O exercício vital em ócio fica,
Sentidos, forças o terror me absorve.
Tal é, gênio preclaro, a ordem triste
Demais funestos, nebulosos dias,
Dias marcados no volume eterno
Pela tórrida mão da Desventura.

Ah! No maligno século corrupto
Em que o duro egoísmo abrange a terra,
Inda restam, Senhor, ao desditoso
Benignos corações, que se repartam,
Que para os seus prazeres só não vivam,
Que sintam, que venerem, que pratiquem
Lei no altar da Razão por Jove escrita,
Lei na infância do mundo ao mundo imposta:
"O homem favor e asilo ao homem preste,
Mútua beneficência os entes ligue."
Teu grande coração colheu tais dotes
No tesouro onde os zela a Natureza,
Mesquinha de seus dons co'a terra ingrata.
Além da condição, o heroico exemplo
Em teu peito arreigou feliz semente,
Da qual se ergueram generosos frutos.
O varão providente, o pai da Pátria,
O assombroso Carvalho, o luso Atlante,
Cuja vista metal descortinava
Os sumidos arcanos tenebrosos,
Onde sagaz Política se entranha;
O decantado herói, que dentre as cinzas,
Dentre os dispersos, lúgubres estragos,
Efeitos de fenômeno terrível,
Mais ampla fez surgir, surgir mais bela
A vasta fundação dos gregos duros;
Que de soberbas torres majestosas,
De ingentes, suntuosos edifícios
Os ombros carregou d'alta Lisboa;
O político excelso, a cujo aceno
Vinham, prenhes de fúlgidos tesoiros
Alterosos baixéis arfar no Tejo,
E a risonha Abundância dadivosa

Da fausta Lusitânia enchia os lares;
O zelador fiel do altar, do trono,
O escudo, o criador das leis, das artes;
Aquele, enfim, Senhor, que o véu soltando
Em que etérea porção jazia envolta,
Vive nos corações, nos céus, na fama,
Teu memorável Pai te abriu a estrada
Por onde foste ao Polo em que és luzeiro.
Nos Elísios curvada a sombra ilustre,
Olhos fitos em ti, de lá te acena,
De lá te influi espíritos sublimes,
Prestante emulação com que o renovas.
Herói, fruto de herói, protege, ampara
Ente opresso, infeliz, que a ti recorre;
Lava-lhe as manchas da calúnia torpe;
Ao trono augusto da imortal Maria
Com lamentosa voz dirige, alteia
Do mísero Bocage os ais e as preces;
Desfaze a treva que lhe espanca o dia,
Rompe as correntes, cujo som medonho
De Febo os gratos sons lhe descompassa,
Tremendo ao feio estrondo a voz e a dextra.

Já tocaste, Senhor, da glória o cume.
Sócios (inda que raros) tens contudo:
D'eles pode isolar-te um grau mais alto,
Grau onde o Fado oculta o bem que imploro.
Das avarentas mãos sobe a arrancar-lhe
O defeso penhor, minha ventura.
Nisto é virtude transcender o extremo:
Remindo um triste de opressão tão crua
As balizas transpõe da herocidade.

IDÍLIOS

LÊNIA
Idílio piscatório

   As árvores estavam gotejando.
Bramia ao longe a costa, e ressoava
Pavoroso trovão de quando em quando.
   Tudo horror, e tristeza respirava,
Os ares, a montanha, o rio, o prado,
E mais triste que tudo Elmano estava,
   O pescador Elmano, o malfadado,
Que em aziago instante a luz primeira
Viu lá nas praias, onde morre o Sado.
   Tu, pernicioso Amor, fatal cegueira,
Reinavas no infeliz, que em vão carpia
Do claro Mandovi sobre a ribeira.
   "Oh, Náiade formosa! (ele dizia)
Oh, Lênia encantadora, a meus clamores
Tão surda como a surda penedia!
   Da boca, sempre escassa de favores,
Que te exala um perfume, um ar divino,
Mais doce do que o hálito das flores.
   De uma palavra só pende o destino
Da paixão deplorável, com que gemo,
Que se vai transformando em desatino.
   Reduzido me vejo a tal extremo,
Tão macerado estou pelo desgosto,
Que até me esfalfa o menear do remo.
   Por ti com terno pranto alago o rosto,
Por ti mil noites velo, amargurado,
E ao mau relento n'almadia exposto.

Já que tens nos teus olhos o meu fado,
Vem consolar-me ao menos co'um sorriso;
Vai-te depois, e deixa-me enganado.
   Há quantas horas estas margens piso!
Há quantas pelas ondas te procuro!
Há quantas, quantas mais te não diviso!
   Da tua branda vista o raio puro,
A cor celeste, o frouxo movimento
Aclarem, branca Lênia, o tempo escuro.
   Assanha as ondas o ímpeto do vento,
Negreja pelos ares o sombrio
Grosso vapor do Inverno turbulento.
   Glória das ninfas, glória deste rio,
Surge, assoma, aparece, e teus encantos
Farão súbito aqui brilhar o Estio.
   Ao som das águas ouvirás meus cantos,
Ou antes (se meus versos abominas),
Ao som das águas ouvirás meus prantos.
   Sai das úmidas lapas cristalinas.
Onde Tétis louçã contigo mora,
Tétis em cujos braços te reclinas,
   Oh feliz pescador! Oh feliz hora!
Oh dia de prazer, se te mereço,
Que saias uma vez das ondas fora!
   Não posso dar-te aljôfares de preço:
Tortos búzios, seixinhos luzidios,
E amor, é o que tenho, isso te of'reço...
   Que sonhos! Que ilusões! Que desvarios!
Quererás estes dons, tu, que apeteces
Ais a milhares, lágrimas em rios?!
   Tu, que foges de mim, que me aborreces,
E que talvez contente lá no fundo
Ao eco de meus gritos adormeces!

Tu mais cruel que o tigre furibundo,
Que o jacaré voraz e as outras feras
Das toscas brenhas e do mar profundo!
   Tu, que num ódio bárbaro te esmeras,
Quando a ter compaixão de meus gemidos
Até dos brutos aprender puderas!
   Quantas vezes, de ouvir-me enternecidos.
Sobem à tona d'água os lisos peixes.
Que já não são do meu anzol feridos!
   Ah!, teu cego amador morrer não deixes;
Sequer mostrar-te ao longe, inda que os belos
Olhos teus, por não ver-me, ó Lênia, feches.
   Negas, talvez, piedade a meus desvelos,
Porque de lá me espreita o cabeludo,
Monstruoso Tristão, fervendo em zelos?
   Ele é deus, eu mortal, mas não tão rudo,
Não tão negro como ele, e até lhe oponho
Um amor mais sincero e mais sisudo.
   Enfim, de ser quem sou não me envergonho,
Nem tenho, ó Lênia, que rogar ao Fado,
Quando co'a posse de teus mimos sonho.
   Pergunta a quantos vêm do Tejo e Sado,
Se ali me condenou vil nascimento
A este, em que mourejo, humilde estado.
   Sempre entre os mais honrados tive assento,
Venho dos principais da minha aldeia:
Não cuides que vãs fábulas invento.
   Lá sobre lindas flores, que meneia
Sadia viração, cantei mil versos,
Mil versos de que tinha a mente cheia.
   Trabalhos, aflições, fados adversos
A melodia, a graça me apoucaram
Em climas do meu clima tão diversos.

Porém que digo! As águas inda param
Se alguma vez em doce, em triste canto
Meus frouxos lábios o meu mal declaram.
　　Só tu, ninfa gentil, desta alma encanto,
Me foges e supões que te assegura
Perpétua glória meu contínuo pranto.
　　Condição insensível à ternura
Do mais perdido amante, a Natureza
Te deu para senão da formosura.
　　Não alardeies da feroz crueza:
Pondera que o rigor pode privar-te
De adorações, que atrai tua beleza.
　　Mas não, já me desdigo. Onde, em que parte
Há-de existir um coração tão duro,
Que por seres cruel deixe de amar-te,
　　Se, qual cheia que aterra estável muro,
Tu, posto que suave e brandamente,
Avassalas o arbítrio mais seguro?
　　Ah!, Vem por cima da fugaz corrente
Dar lenitivo à dor, que despedaça
Meu fiel coração, meu peito ardente.
　　Concede a tantos ais só esta graça:
Vem, Lênia, vem dizer-me por piedade,
Que alto excesso de amor queres que eu faça.
　　De bom grado, e sem medo à tempestade,
Se o mandares, verás, que à vela eu corro:
O mal, com que não posso é a saudade.
　　Mas ímpia, tu não vens, não dás socorro
Às minhas aflições, aos meus clamores;
Eu caio, eu desfaleço, eu morro, eu morro...
　　Cavai-me a sepultura, ó pescadores!"

*

FILENA, OU A SAUDADE
Idílio pastoril

   Que terna, que saudosa cantilena
Ao som da lira Melibeu soltava,
O pastor Melibeu, que por Filena,
Pela branca Filena em vão chorava!
Inda me fere o peito aguda pena,
Quando recordo os ais que o triste dava,
O pranto que vertia, amargo, e justo
À sombra, que ali faz aquele arbusto.

   Tu, maviosa a choros e a clamores,
Tu, Vênus (Vênus só na formosura),
Luz de meus olhos, únicos amores
Desta alma, e seu prazer, sua ventura,
Que, reclinada, amarrotando as flores,
Descansas em meu peito a face pura,
Ouve-me os ais e as queixas de outro amante,
Que ao teu no ardente extremo é semelhante.

   "Céus! (assim começou, e eu escondido
Entre as copadas árvores o ouvia),
Por vós em duras mágoas convertido
Vejo enfim todo o bem que possuía.
À cândida Filena estar unido
Julgastes que um pastor não merecia:
A mais doce prisão de Amor partistes.
Ajuda, triste lira, os versos tristes.

   Mal haja a lei dos Fados inclemente!
O seu poder, o seu rigor praguejo.
Morte! Geral verdugo! Estás contente?
Já saciaste o sôfrego desejo?...

Mas Filena inda é viva, inda me sente
Suspirar nos seus braços; inda a beijo!...
Ah!, meus olhos, morreu: sem alma a vistes.
Ajuda, triste lira, os versos tristes.

   Em ti, cara Filena, a sepultura
Tem de Amor, tem das Graças o tesoiro;
Ali te arranca a Morte acerba e dura
Da mimosa cabeça as tranças de oiro.
Eis terra, eis cinza, eis nada a formosura...
Ah!, que não pude perceber o agoiro
Com que esta perda, ó Fados, me advertistes!
Ajuda, triste lira, os versos tristes.

   Um dia, há tempos, Lênia, a feiticeira,
Me disse: "Grande mal te está guardado!"
Não mo quis declarar; e ave agoireira
De noite me piou sobre o telhado:
Cuidei que perderia a sementeira,
O rebanho, o rafeiro... Ah desgraçado!
Perdeste mais, e a tanto inda resistes!
Ajuda, triste lira, os versos tristes.

   A tua meiga voz, o teu carinho
Maior falta me faz, minha Filena,
Que lá no bosque ao rouxinol sozinho,
Da presa amiga a doce cantilena.
O teu branco, amoroso, cordeirinho,
Mal que se viu sem ti, morreu de pena:
Balar saudoso, ó montes, vós o ouvistes.
Ajuda, triste lira, os versos tristes.

   O meu rebanho definhou de sorte,
Depois que te perdi, que anda caindo;
Seca estes campos o hálito da Morte

Desde que ela sumiu teu gesto lindo.
Rogo-lhe vezes mil, que me transporte
Lá onde, como estrela, estás luzindo,
Lá onde, alegre para sempre, existes.
Ajuda, triste lira, os versos tristes.

   A roseira também que tu plantaste,
Teu prazer, e prazer da Natureza,
Murchou-se logo assim que tu murchaste,
Oh, flor na duração, flor na beleza!
A pequenina rola, que apanhaste,
Não comeu mais, finou-se de fraqueza:
Por que blasfêmia, ó deuses, me punistes?
Ajuda, triste lira, os versos tristes.

   Já pelas selvas, ao raiar da Aurora,
Caçando, as tenras aves não persigo;
Tudo me anseia, me enfastia agora,
Nem sofro os que por dó vêm ter comigo.
Figura-me a saudade a toda a hora
Ternas delícias, que logrei contigo.
Ah! Quão depressa, gostos meus, fugistes!
Ajuda, triste lira, os versos tristes.

   Como as formigas pelo chão, no estio,
Ou como as folhas pelo chão, no inverno,
No aflito coração, que em ais te envio,
Jazem penas cruéis, quais as do Inferno:
Ora me sinto arder, outrora esfrio,
Desfaz-me em ânsias um veneno interno.
Talvez meus pés, ó víboras, feristes!
Ajuda, triste lira, os versos tristes.

Nos troncos, e nos mármores gravemos
Memórias de Filena idolatrada,
Tão digna de suspiros e de extremos,
De tantos corações tão cobiçada:
Amor! Amor! Seu nome eternizemos...
Ai, que me falta a voz! Socorro, amada;
Conforta-me dos Céus aonde assistes!
Não mais, ó triste lira, ó versos tristes."

*

CRINAURA OU O AMOR MÁGICO
Idílio farmacêutrio

Já, da noite a metade anunciando,
O galo velador tinha cantado;
Regougavam nas serras as raposas,
Carpiam pelas árvores os mochos,
E no sórdido lago as rãs coaxavam.
Por entre densas, pluviosas nuvens,
Prenhes de raios, transluzia apenas
Semimorto clarão da frouxa Lua.
Entregue ao sono o racional jazia
Ou nos braços de amor, ou solitário,
Sobre cama de feno, ou leito de oiro.
Segundo teus caprichos, ó Fortuna,
Com que dás tudo a uns, a outros nada.
Só n'um bosque de víboras coalhado,
Fértil de sombras, sombras dos Infernos,
Num ermo, onde não há pegada humana,
Que dos magos notívagos não seja,
Velava um deles, o amoroso Elmano,
Perto de turvo e rápido ribeiro,

Que do atro seio de horrorosa gruta
Com ríspido sussurro ia correndo.
Fantasmas infernais que a negra noite
Arroja à terra, sacudindo o manto,
Vagavam por ali: Górgonas, Fúrias,
Que o pavoroso Báratro vomita;
Que exalam peste das cruéis entranhas,
As serpes as melenas assanhavam
Em torno do infeliz, queixoso amante,
Influindo-lhe a raiva, a dor e a morte.
No centro da terrível assembleia
Com carrancudo aspecto o malfadado
Só tinha em ti, Crinaura, os pensamentos:
Tu lhe negavas o fulgor suave
Com que teu rosto os céus abrilhantaram.
Longe estavas, cruel; porém supriam
Aos olhos corporais os olhos d'alma;
Longe estavas, cruel, porém supriam
Na fantástica imagem de teu gesto,
Que vivamente Amor lhe debuxava,
Desta maneira os ares atroava:

ELMANO

"Potentes versos meus, arte divina,
As tartáreas cavernas invadistes,
Comovestes Sumano e Proserpina,
Hidras, Cerastes, Fúrias atraístes:
Da fresca Lua a face cristalina
Com tenebrosas nuvens denegristes,
Domais as feras nesta horrível mata:
Só não podeis vencer Crinaura ingrata!

Versos! Versos! Oh, dádiva celeste!
Apinhando os delfins ao som da lira,
O musico Aríon remir pudeste
Das cobiçosas mãos, em que caíra:
Desarreigaste as árvores, soubeste
As penhas derreter! Amor te inspira,
Amor a força tua em mim dilata,
E não hás-de vencer, Crinaura ingrata!

Versos! Versos! nas ermas sepulturas
Com graça, pelas Graças influída,
Furtando as almas das prisões escuras,
Tornais às cinzas o calor e a vida;
A Dite, revogando-lhe as leis duras,
Tirais a Ninfa do áspide mordida:
Tanto podes, ó arte aos deuses grata!
Só não triunfarás d'aquela ingrata!

Ah!, sim, tentemos outra vez a sorte;
A ternura porfie, a paixão teime.
Deixai-me ó Desenganos, longe, ó Morte!
Deus Febo, teu fervor minha alma queime!
Eia, Vênus e Amor, dai-me um transporte
Digno de vós: ó filho!, ó mãe! Valei-me,
Não só, não só por mim, de vós se trata:
Vós venceis, se eu vencer, Crinaura ingrata.

Solte-se a veia, principie o encanto.
Versos! Versos! Crinaura! Eu tos envio.
Eis nas plumas do Zéfiro o meu canto,
Eis Íris sobre o ar úmido e frio:
Cessa o berro da rã, do mocho o pranto;
Ficam mudas as Fúrias, mudo o rio;
Lá mostra a Lua a face prateada.
Trazei-me, versos meus, a minha amada.

Esta semente, de fragrância bela,
Aos raios venerável como o loiro,
Planto aqui: flores mil brotarão dela
Súbito... Ah!, ei-las, é feliz o agoiro.
Acendamos três vezes esta vela,
Crestemos à terceira este besoiro:
Minha mestra ma deu, Canídia, a fada.
Trazei-me, versos meus, a minha amada.

As amoras silvestres espremamos
Neste vaso de Alceu, mágico experto;
Sobre o licor sanguíneo desfaçamos
Folha a folha este cravo meio aberto;
Misturemo-lhe agora o mel e os ramos
Que torrei, que moí, remédio certo
Contra o negro lacrau. Não falte nada.
Trazei-me, versos meus, a minha amada.

Pondo este roto véu, que era de Circe,
Depois batendo o é, Lâmia podia
Converter-se em morcego e restituir-se
À forma natural, quando queria.
Eis o buço de lobo: a sábia Tirse
Com ele assombros mil também fazia,
Já com isto em serpente a vi mudada.
Trazei-me, versos meus, a minha amada.

Pus a secar debaixo de um penedo
Crescida e gorda rã, que apanhei viva;
Dois ossos lhe guardei. Pondo-lhe o dedo,
Qualquer amante, seu amor se aviva;
Tem a virtude, enfim, tem o segredo
De amansar lobos: a caduca Oliva
Com eles das mãos dum foi já tirada.
Trazei-me, versos meus, a minha amada.

"A torta vara, com que Ileu fazia
Milhões de espectros negrejar nos ares,
Com que ao mínimo aceno embravecia
Plácidas auras, bonançosos mares;
Parte do incenso, que Medeia impia
Dava da horrível Hécate aos altares,
Guardo naquela gruta ao sol vedada.
Trazei-me, versos meus, a minha amada.

Falta a cinza (ei-la aqui) do corvo branco,
Que Lícidas caçou, que tanto estimo.
Dos feridos com ela o sangue estanco,
E os quase mortos, em querendo, animo.
Eis a admirável planta, com que arranco
As mais cravadas setas, eis o limo,
E esta concha no Eufrates apanhada.
Trazei-me, versos meus, a minha amada.

Produzi, meus encantos, vosso efeito
Para glória de Amor e glória minha;
Venha curar o mal que me tem feito,
Aquela em cujos olhos me mantinha.
Trazei-a... Ah!, que prazer me inunda o peito!
Que luz, que objeto para mim caminha!
Que força oculta as forças me restaura!
Basta, meus versos: ali vem Crinaura."

CANTATA

À morte de Inês de Castro

*As filhas do Mondego a morte escura,
Longo tempo, chorando, memoraram.*
CAMÕES, *Os Lusíadas*, Canto 3, CXXXV

A ULINA
Soneto dedicatório

Da miseranda Inês o caso triste
Nos tristes sons, que a mágoa desafina,
Envia o terno Elmano à tenra Ulina,
Em cujos olhos seu prazer consiste.

Paixão, que, se a sentir, não lhe resiste
Nem nos brutos sertões alma ferina,
Beleza funestou quase divina,
De que a memória em lágrimas existe.

Lê, suspira, meu bem, vendo um composto
De raras perfeições aniquilado
Por mãos do Crime, à Natureza oposto.

Tu és cópia de Inês, encanto amado;
Tu tens seu coração, tu tens seu rosto...
Ah!, defendam-te os Céus de ter seu fado!

*

Longe do caro Esposo Inês formosa
   Na margem do Mondego
As amorosas faces aljofrava
   De mavioso pranto.
Os melindrosos, cândidos penhores
   Do tálamo furtivo,
Os filhinhos gentis, imagem dela,
No regaço da mãe serenos gozam
   O sono da inocência.
Coro sutil de alígeros Favônios
   Que os ares embrandece,
   Ora enlevado afaga
Com as plumas azuis o par mimoso,
   Ora solto, inquieto,
Em leda travessura, em doce brinco,
   Pela amante saudosa,
Pelos ternos meninos se reparte,
E com tênue murmúrio vai prender-se
Das áureas tranças nos anéis brilhantes.
Primavera louçã, quadra macia
   Da ternura e das flores,
Que à bela Natureza o seio esmaltas.
Que no prazer de Amor ao mundo apuras
   O prazer da existência,
   Tu de Inês lacrimosa
As mágoas não distrais com teus encantos.
Debalde o rouxinol, cantor de amores,
Nos versos naturais os sons varia;

O límpido Mondego em vão serpeia
Co'um benigno sussurro, entre boninas
De lustroso matiz, almo perfume;
Em vão se doira o Sol de luz mais viva,
Os céus de mais pureza em vão se adornam
   Por divertir-te, ó Castro;
Objetos de alegria Amor enjoam,
   Se Amor é desgraçado.
A meiga voz dos Zéfiros, do rio,
   Não te convida o sono:
   Só de já fatigada
Na luta de amargosos pensamentos
   Cerras, mísera, os olhos;
Mas não há para ti, para os amantes,
   Sono plácido, e mudo:
Não dorme a fantasia, Amor não dorme:
Ou gratas ilusões, ou negros sonhos
Assomando na ideia, espertam, rompem
   O silêncio da Morte.
Ah!, que fausta visão de Inês se apossa!
Que cena, que espetáculo assombroso
A paixão lhe afigura aos olhos d'alma!
Em marmóreo salão de altas colunas,
A sólio majestoso e rutilante
Junto ao régio amador se crê subida;
Graças de neve a púrpura lhe envolve,
Pende augusto dossel do teto de oiro,
Rico diadema de radioso esmalte
Lhe cobre as tranças, mais formosas que ele;
Nos luzentes degraus do trono excelso
Pomposos cortesãos o orgulho acurvam;
A lisonja sagaz lhe adoça os lábios;
O monstro da política se aterra

E, se Inês perseguia, Inês adora.
   Ela escuta os extremos,
Os vivas populares; vê o amante
Nos olhos estudar-lhe as leis que dita;
O prazer a transporta, amor a encanta;
Prêmios, dádivas mil ao justo, ao sábio
   Magnânima confere,
Rainha esquece o que sofreu vassala:
De sublimes ações orna a grandeza,
Felicita os mortais; do cetro é digna,
Impera em corações... Mas, Céus! Que estrondo
O sonho encantador lhe desvanece!
   Inês sobressaltada
Desperta, e de repente aos olhos turvos
Da vistosa ilusão lhe foge o quadro.
Ministros do Furor, três vis algozes,
De buídos punhais a dextra armada,
Contra a bela infeliz bramando avançam,
Ela grita, ela treme, ela descora;
Os frutos da ternura ao seio aperta,
Invocando a piedade, os Céus, o amante;
Mas de mármore aos ais, de bronze ao pranto,
À suave atração da formosura,
   Vós, brutos assassinos,
No peito lhe enterrais os ímpios ferros.
   Cai nas sombras da morte
A vítima de Amor lavada em sangue;
As rosas, os jasmins da face amena
   Para sempre desbotam;
Dos olhos se lhe some o doce lume;
   E no fatal momento
Balbucia, arquejando: "Esposo! Esposo!"
   Os tristes inocentes

   À triste mãe se abraçam,
E soltam de agonia inútil choro.
   Ao suspiro exalado,
Final suspiro da formosa extinta,
   Os amores acodem.
Mostra a prole de Inês, e tua, ó Vênus,
Igual consternação e igual beleza:
Uns dos outros os cândidos meninos
   Só nas asas diferem
(Que jazem pelo campo em mil pedaços
Carcases de marfim, virotes de oiro)
Súbito voam dois do coro alado:
Este, raivoso, a demandar vingança
   No tribunal de Jove:
Aquele a conduzir o infausto anúncio
   Ao descuidado amante.
Nas cem tubas da Fama o grau desastre
   Irá pelo Universo.
Hão-de chorar-te, Inês, na Hircânia os tigres;
No torrado sertão da Líbia fera,
As serpes, os leões hão-de chorar-te.
Do Mondego, que atônito recua,
Do sentido Mondego as alvas filhas
   Em tropel doloroso
Das urnas de cristal eis vêm surgindo;
Eis, atentas no horror do caso infando,
Aos monstros infernais, que vão fugindo,
Já c'roam de cipreste a malfadada,
E, arrepelando as nítidas madeixas,
Lhe urdem saudosas, lúgubres endeixas.
   Tu, Eco, as decoraste
E, cortadas dos ais, assim ressoam
Nos côncavos penedos, que magoam:

"Toldam-se os ares
Murcham-se as flores
Morrei, Amores,
Que Inês morreu.

Mísero esposo,
Desata o pranto.
Que o teu encanto
Já não é teu.

Sua alma pura
Nos Céus se encerra;
Triste da Terra,
Porque a perdeu.

Contra a cruenta
Raiva ferina,
Face divina
Não lhe valeu.

Tem roto o seio
Tesoiro oculto,
Bárbaro insulto
Se lhe atreveu.

De dor e espanto
No carro de oiro
O Númen loiro
Desfaleceu.

Aves sinistras
Aqui piaram,
Lobos uivaram,
O chão tremeu.

Toldam-se os ares,
Murcham-se as flores:
Morrei, Amores,
Que Inês morreu."

ELEGIA

*À morte do senhor
João dos Santos Bersane*

O sábio não vai todo à sepultura,
Não morre inteiro o justo, o virtuoso,
Na memória dos homens brilha e dura,
   Enquanto o néscio, o inútil, o ocioso
Vão, ignoradas vítimas da Morte,
Sumir-se no sepulcro tenebroso.
   Jônio, feliz, bom pai, fiel consorte,
Neste dia, em que o véu mortal despiste,
Dias eternos te confere a Sorte.
   Se longe do Universo errado, e triste,
Triunfa teu espírito fulgente,
Imortal entre nós teu nome existe.
   Da etérea habitação do Onipotente
Reflete o resplendor da glória tua
Na tua prole honrada e descontente.
   Em lágrimas no peito lhe flutua
O coração de angústias macerado,
Posto que o ledo Empíreo te possua.
   Eis o caráter que aos mortais foi dado:
Como que o bem do amigo nos magoa,
Quando o gosto de o ver nos é vedado.

    Na dextra a palma tens, na fronte a c'roa,
Tens (assegura a Fé), porque a virtude
De jus nos almos Céus se galardoa.
    Mas, por mais que se esmere, e lide, e estude,
Quem à dor acomoda o sofrimento?
Quem há que à Natureza o gênio mude?
    Corra o pranto d'amor, soe o lamento,
Té que a paixão, nos ais evaporada,
Deixe livre folgar o entendimento.
    Então tua família consternada
Vendo na ideia teus serenos dias,
Alma vinda do Céu e ao Céu tornada;
    Vendo as dignas ações, virtudes pias,
Com que assombros e exemplos semeaste
Na carreira vital, quando a seguias;
    Vendo que os sábios, que a Ciência honraste,
Que o mundano esplendor tiveste em pouco,
Que os perversos carpiste, os bons amaste;
    Enfreados seus ais no peito rouco,
De inefável prazer sentindo o encanto,
Dirá: "Quem te lamenta é cego, é louco.
    Perdoa à nossa dor e ao nosso pranto,
Sofre as mostras fiéis do amor mais terno,
E orando pelos teus, que amavas tanto,
Graças lhe adquire do Monarca eterno."

SÁTIRA

PENA DE TALIÃO

Ao Padre José Agostinho de Macedo

Tu nihil dices, faciesve Minerva.
Horácio, *Arte Poética*, V, 385

Invidia rumpantur ut ilia Codro.
Virgílio, Écloga VII

   Sátiras prestam, sátiras se estimam
Quando nelas Calúnia o fel não verte,
Quando voz de censor, não voz de Zoilo,
O vício nota, o mérito gradua;
Quando forçado epíteto afrontoso
(Tal, que nem cabe a ti) não cabe àqueles
Que já na infância consultavam Febo.
Elmiros de Paris, Cotins, são vivos
No metro de Boileau, mordaz mas pulcro;
Codros, Crispinos, Cluvienos soam
No latido feroz do cão de Aquino,
Desse, cuja moral, mordendo, imitas,
E cuja fantasia em vão rastejas.

Nos ígneos versos que Venúsia ilustram,
Nos que de fama eterna honraram Mântua,
Envoltos no ludíbrio, existem Bávios,
Mévios existem; e a existência deles,
Se pudesse durar, seria a tua.

Refalsado animal, das trevas sócio,
Depõe, não vistas de cordeiro a pele.
Da razão, da moral o tom que arrogas,
Jamais purificou teus lábios torpes,
Torpes do lodaçal, donde zunindo
(Nuvens de insetos vis) te sobem trovas
A mente erma de ideias, nua de arte.

Como hás-de, ó Zoilo, eternizar meu nome,
Se os Fados permanência ao teu vedaram?
Se a ponte, que atravessa o mudo rio,
Que os vates, que os heróis transpõem seguros,
Tem fatal boqueirão, por onde absorto
Irás ao vilipêndio, irás ao nada,
Ficando em cima ileso, honrado o nome.
Que em ditérios plebeus, em chulas frases
Debalde intentas submergir contigo?
Empraza-te a Razão; responde e treme!

Do filósofo a tez, a tez do amante,
Meditativo aspecto, imagem d'alma,
Em que fundas paixões a essência minam
(Paixões da Natureza e não das tuas),
O que aparece em mim à vista abjeto,
A mesta palidez, o olhar sombrio,
O que preterição desengenhosa
Dos sujos trívios na linguage aponta,

Que importa, ó Zoilo, ao literário mundo?
Que importa, descarnado, e macilento
Não ter meu rosto o que alicia os olhos,
Em quanto nédio e rechonchudo, à custa
De vão festeiro, estúpida irmandade,
Repimpado nos púlpitos que aviltas,
Afofas teus sermões, venais fazendas
(Cujos credores nos Elísios fervem),
Trovejas, enrouqueces, não comoves,
Gelas a contrição no centro d'alma,
Ostentai férreo Nume, Céus de bronze,
E, a cada berro minorando a turba,
Compras na aldeia do barbeiro o voto,
Ali triunfas e a cidade enjoas!

Tu, de cérebro pingue e pingue face,
Farisaica ironia em vão rebuças,
Quando a penúria ao desvalido exprobras.
Que tem co'a Natureza o que é da Sorte?
Ou dá-me o plano de atrair-lhe as graças
(Mas sem que roje, escravo) ou não profanes
Indigência e moral, quais tu não citas.

....

Prossegue em detrair-me, em praguejar-me,
Porque Délio dos prólogos te exclui;
Pregoa, espalha em sátiras, em lojas
Que Zoilos não mereço, e sê meu Zoilo;
Chama-me de Tisífone enteado,
Porque em fêmeo-belmírico falsete
Não pinto os zelos, não descrevo a morte;
Erra versos, e verbos sentenceia;
Condena-me a cantar de Ulina e d'anos.

Aprega o magro Elmano ao fulo Esbarra;
Ignora o *baquear*, que é verbo antigo,
Dos Sousas, dos Arrais somente usado;
Metonímias, sinédoques dispensa;
Dá-me as pueris antíteses, que odeio;
De estafador de anáforas me encoima;
Faze (entre insânias) um prodígio, faze
Qual anda o caranguejo andar meus versos;
Supõe-me entre barris, entre marujos
(De alguns talvez teu sangue as veias honre):
Mas não desmaies na carreira; avante,
Eia, ardor, coração... vaidade, ao menos!
As oitavas ao *Gama* esconde embora,
Nisso não perdes tu nem perde o mundo;
Mas venha o mais: epístolas, sonetos,
Odes, canções, metamorfoses, tudo...
Na frente põe teu nome, e estou vingado.

POESIAS VÁRIAS

Elogio à admirável intrepidez com que em domingo, 24 de Agosto de 1794, subiu o Capitão Lunardi no balão aerostático

OITAVAS

Que brilhante espetáculo pomposo
A meus olhos atônitos se of'rece!
D'alta Ulisseia o vulgo numeroso
Já no amplo foro de tropel recresce;
Soa o márcio concerto estrepitoso,
Que o sangue agita, os ânimos aquece;
Assoma aos ares neste alegre dia
Raro prodígio de arte e de ousadia.

O Tejo as ondas cérulas aplana,
Das ledas filhas cândidas cercado;
Vibra o tridente azul co'a dextra ufana,
E rebate a braveza ao Norte irado:
Contemplar em silêncio a audácia humana
Quer, inda que a portentos costumado;
Quer, encostando a face à urna de oiro,
Ver brilhar, ó Ciência, o teu tesoiro.

Lá surge ao vasto, ao fluido elemento
O globo voador, lá se arrebata
Sobre as asas diáfanas do vento,
E pelo imenso vácuo se dilata.
O pássaro feroz, voraz, cruento,
Quando rápido voo aos Céus desata,
Quando as nuvens transcende e Febo afronta,
Da terra mais veloz se não remonta.

Portentoso mortal, que à suma altura
Vais no etéreo baixel subindo ousado,
Que ilusão, que prestígio, que loucura
Te arrisca a fim tremendo e desastrado?
Teu espírito insano, ah!, que procura
Pela estrada do Olimpo alcantilado?
Não temes, despenhando-te dos ares,
Qual Ícaro infeliz, dar nome aos mares?

Não temes (quando evites o espumoso
Campo, que é dos tufões teatro à guerra),
Não temes que num baque pavoroso
Teu sangue purpureie a dura terra?
Tentas, qual Prometeu, roubar vaidoso
O sacro lume, que nos céus se encerra?
Ah! Não, não faças tão medonho ensaio:
Ou teme o precipício, ou teme o raio.

Mas para quê, pasmado e delirante,
Brados e brados pelos ares lanço.
Se apenas do fenômeno volante
Co'a vista perspicaz o voo alcanço?
Enquanto grito, o aéreo navegante
Seu rumo segue em plácido descanso,
Munido de Ciência e de Constância,
Surdo à voz do Terror e da Ignorância.

Gamas, Colombos, Magalhães famosos.
Eternos no áureo templo da Memória,
Sirtes domando e mares espantosos.
De assombros mil e mil doirais a História;
Mas ir dar leis aos ares espaçosos
É triunfo maior, e até mais glória,
Porque não traz à louca, à cega gente
Os males de que sois causa inocente.

Lá onde a feia Inveja desgrenhada
Ao Mérito não move horrível guerra,
Tem sobre Chusma inerte, e desprezada
Cospe o veneno, as víboras aferra;
Lá na ditosa e lúcida morada,
Defesa aos vícios de que abunda a terra,
Guardai da glória no imortal tesoiro
O nome de Lunardi em letras de oiro.

   Que importa que no centro de Ulisseia
À luz, claro varão, não fosses dado?
De um frívolo acidente a louca ideia
Tenha embora poder no vulgo errado,
Que eu te consagro a dádiva febeia
Qual se berço comum nos desse o Fado.
Longe, vãs prevenções do homem grosseiro;
O sábio é cidadão do mundo inteiro.

   Mas tu, cantor de Augusto e de Mecenas,
Roga a Jove te anime as cinzas frias,
E de alvo cisne renovando as penas,
Despeita o sacro fogo em que fervias:
Desce às montanhas floridas e amenas,
Onde revivem de Saturno os dias;
Dali canoro entoa o nobre metro,
E em honra de Lunardi exerce o plectro.

   De tornar-lhe perene a digna fama
Só tu, só tu convéns à grande empresa;
Vem vê-lo ardendo em gloriosa chama,
Superior ao poder da Natureza;
Para novos prodígios punge, inflama
Seu ânimo, e co'a voz em estro acesa,
Supre-lhe, ó vate, os bronzes e alabastros;
Depois com ele voltarás aos astros.

Intrépidos Mortais, oh quantos mundos,
Até'gora escondidos e ignorados,
Ireis pisar, afoitos, e jucundos,
Pelos etéreos campos azulados!
Não fraquejeis, espíritos profundos,
E na pasmosa máquina elevados,
Ide incensar entre os sidéreos lumes
O congresso imortal dos altos Numes.

É pouco para vós o mar e a terra;
Sim, a mais vos conduz o instinto, a Sorte,
Ilustrados varões, enquanto a guerra
Rouba, estraga, horroriza o Sul e o Norte;
Enquanto as negras Fúrias desencerra
Do tenebroso Inferno a torva morte,
Vinde à soberba fundação de Ulisses,
Entre o povo feliz viver felizes.

Renovai-lhe espetáculos gostosos,
Exulte a curiosa Humanidade
Sobre os campos de Lísia venturosos,
Vestidos de serena amenidade;
Fugi, fugi aos climas desditosos
Onde, exposta à voraz ferocidade
De monstros de ímpia garra, aguda presa,
Estremece, desmaia a Natureza.

E tu, que da loquaz Maledicência
Tens açaimado a boca venenosa,
Tu, que de racionais, só na aparência,
Domaste a mente incrédula e teimosa,
Das fadigas que exige árdua ciência,
Em vivas perenais o prêmio goza,
E admira em teu louvor estranho e novo
Unida à voz do Sábio a voz do Povo.

A PROPÓSITO DOS VERSOS QUE LHE ESCREVEU FRANCISCO MANUEL DO NASCIMENTO (FILINTO ELÍSIO)

Zoilos, estremecei, rugi, mordei-vos!
Filinto, o grão cantor, prezou meus versos.
Sobre a margem feliz do rio ovante,
Donde, arrancando onipotência aos Fados,
Universal terror vibrando em raios,
Impôs tropel de heróis silêncio ao globo,
O imortal corifeu dos cisnes lusos
Na voz da lira eterna alçou meu nome.
Adejai, versos meus, ao Sena ufano
D'altos, fastosos, marciais portentos,
E ganhando amplo voo após Filinto,
Pousai na Eternidade em torno a Jove.
Eis os tempos, a inveja, a morte, o Letes
Da mente, que os temeu, desaparecem:
Fadou-me o grão Filinto, um vate, um nume:
Zoilos! tremei! — Posteridade! és minha!

CANÇONETAS ANACREÔNTICAS

A ROSA

Tu, flor de Vênus,
Corada Rosa,
Leda, fragrante,
Pura, mimosa.

Tu, que envergonhas
As outras flores,
Tens menos graça
Que os meus amores.

Tanto ao diurno
Sol coruscante
Cede a noturna
Lua inconstante,

Quanto a Marília
Té na pureza
Tu, que és o mimo
Da Natureza.

O buliçoso,
Cândido Amor
Pôs-lhe nas faces
Mais viva cor;

Tu tens agudos
Cruéis espinhos,
Ela suaves
Brandos carinhos;

Mas o travesso
Logo outro pede
À simples Ninfa
Que lhos concede.

Que por matar-lhe
Doces desejos,
A cada instante
Repete os beijos.

Assim brincavam
Fílis e Amor,
Eis que o Menino,
Sempre traidor,

Co'a pequenina
Boca risonha
Lhe comunica
Sua peçonha.

Descora Fílis,
E de repente
Solta um suspiro
D'alma inocente.

Mal que o gemido
Férvido soa
O mau Cupido
Com ele voa.

"Ninguém, ó Ninfa
(Diz a adejar),
Brinca comigo
Sem suspirar."

FÍLIS E AMOR

Num denso bosque
Pouco trilhado
E a ternos crimes
Acomodado.

Por entre a rama
Fresca e sombria
Do tenro arbusto
Que me encobria,

Vi sem aljava
Jazer Cupido
Junto de Fílis,
À Mãe fugido.

Entre as nevadas
Mãos melindrosas
Tinha um fragrante
Festão de rosas.

A mais brilhante
Dele afastando,
Dizia a Fílis
Com riso brando:

"Mimosa Ninfa,
Glória de Amor,
Dás-me um beijinho
Por esta flor?

Sou criancinha,
Não tenhas pejo."
Sorriu-se Fílis
E deu-lhe o beijo;

Tu não percebes
Ternos desejos,
Em vão Favônio
Te dá mil beijos.

Marília bela
Sente, respira,
Meus doces versos
Ouve, e suspira.

A mãe das flores,
A Primavera,
Fica vaidosa
Quando te gera;

Porém Marília
No mago riso
Traz as delícias
Do Paraíso.

Amor que diga
Qual é mais bela,
Qual é mais pura,
Se tu, ou ela;

Que diga Vênus...
Ela aí vem...
Ai! Enganei-me,
Que é o meu bem.

ODES ANACREÔNTICAS

I

   Veloz Borboleta,
Que leda girando
Penosas ideias
Me estás avivando,

   Inseto mimoso,
Aos olhos tão grato,
De minha tirana
Tu és o retrato:

   A graça, que ostentas
Nas plumas brilhantes,
Tem ela nos olhos
Gentis, penetrantes;

   Tu andas brincando
De flor para flor;
Anarda vagueia
De amor em amor.

II

   Os teus prisioneiros,
Cupido, os que devem
Saber definir-te,
Que mal te descrevem!

És aspide (afirmam)
Coberto de flores,
Sedento de estragos,
Amigo de horrores;

Sustentam, carpindo,
Que os feres e enleias
Com áureos virotes,
Com férreas cadeias.

Enganam-se, ó Nume!
Teus laços, teus tiros
São longas madeixas,
São ternos suspiros.

III

De líquido aljôfar
As faces bordadas,
Ao vento dispersas
As tranças douradas,

"Vingança, meu filho
(Clamava Ericina),
Que a vil Natureza
Se atreve à divina.

Em dano de um ímpio
Mortal, que me afronta,
Venenos prepara,
Tormentos apronta:

Elmano em seus hinos
Prefere-me Isbela;
Diz que é mais mimosa,
Mais loura, mais bela.

Os teus males todos
Me vinguem, ó Nume!..."
Amor a interrompe:
"Não basta o ciúme?"

IV

Formosa Marília.
Modelo das Graças,
Que mil pensamentos
Acendes e enlaças;

Àquele que animam
Teus doces agrados,
Terror dos Amantes,
Mimoso dos Fados,

Se folgas de ouvi-lo
Por ti suspirar,
Ao Céu dos Amores
Não deixes voar.

Dos homens ignoras
A índole errante?
Quem é muito amado
Não é muito amante.

V

Do vasto abismo
Do eterno horror
Surgiu a Angústia
De negra cor.

Logo após ela
Veio o Queixume,
E o delirante,
Feroz Ciúme.

Determinavam
Em crua guerra
De pranto e sangue
Banhar a terra.

Eis que Amarílis
Ídolo meu,
Entre mil Graças
Lhe apareceu.

Ó milagroso
Dom da Beleza!
No mesmo instante
Riu-se a Tristeza;

O agro Lamento
Mudo ficou;
Só o Ciúme
Desesperou.

VI

Poupando votos
À loira Isbela,
Se Amor falasse
Nos olhos dela,

De almos prazeres
Me pousaria
Cândido enxame
Na fantasia.

Outros, que as almas
Também tem presas,
Se regozijam
De ouvir finezas.

Eu antes quero
Muda expressão;
Os lábios mentem,
Os olhos não.

ALEGORIAS

I

O ZÉFIRO E A ROSA

Alegoria tirada de um dos versos de Monsieur Parny

Linda Rosa sobre a margem
De um regato cristalino
Ia abrindo o rubro seio
Ao doce humor matutino.

Acaso um Zéfiro, errante
Nas amorosas paixões,
A viu, e quis dos prazeres
Dar-lhe as primeiras lições.

Porém não foi atendido
Da florinha esquiva e bela,
"Por quem sois, voai; deixai-me,
Não posso amar (lhe diz ela).

Ainda sou pequenina,
Ainda apenas vos vejo,
Tornai à tarde, e de ouvir-vos
Talvez terei menos pejo."

Nisto o Zéfiro, adejando,
Vai cuidar de outros amores,
Que o que vos sucede, ó Ninfas,
Sucede também às flores.

Indo já longe, eis um Euro
Para a Rosa se encaminha,
E com rústicos afagos
Lhe desprende uma folhinha.

Cai no arroio, e vai com ele
(Oh grosseiro, oh fatal brinco!)
Após esta segue-se outra,
Depois três, e quatro, e cinco.

Finalmente o rude amante
Mimosas graças desfaz,
Que os meigos Deuses lograram,
Se a Rosa fora sagaz.

Volta o Favônio ansioso
Por gozar ternos carinhos;
Mas ai, que em lugar da Rosa,
Não acha mais do que espinhos!

Armia, observa este exemplo,
Desterra ilusões e enganos,
Segue Amor, antes que o tempo
Te desfolhe a flor dos anos.

II

A ANARDA

Cândida pomba mimosa,
Ave dos níveos Amores,
Cingida por mãos das Graças
Dum lindo colar de flores:

Venus, macia a meus versos,
Grata aos cultos que lhe dou,
Já desde o ninho amoroso
Para mim te destinou.

A pomba de Anacreonte,
Núncia dos suspiros seus,
Tinha parte em seus desvelos,
Tu gozas todos os meus.

Ela não foi tão fagueira,
Tão delicada e tão bela,
Tão doce à mãe de Cupido,
Tão digna dos mimos dela.

Se vive na branda Musa
Do terno, rugoso amante,
Tu tens, juvenil Camena,
Que te idolatre e te cante:

Tens os sons da minha lira
Sagrados a teu louvor;
Vezes mil nas áureas cordas
Uno teu nome ao de Amor.

Se a que voava a Batilo
Mereceu posteridade,
A teus encantos compete
Não menos que eternidade.

Se em Tempo, que os muros de oiro,
Que a base nos Céus escora,
Defeso ao monstro implacável
Que os próprios filhos devora,

Se junto às aras luzentes
D'alta Memória superna,
Em galardão de meus cantos
Me cabe memória eterna,

Àquela enchente de glórias
Ou tu voarás comigo,
Ou hei-de, enjeitando o prêmio,
Morrer de todo contigo.

Não vale este excesso a dita
De só por ti conhecer
Que inda existia o teu vate
Para amor, para o prazer?

Tu despertaste em minh'alma
A dormente simpatia,
Sentimentos, que a desgraça
Quase amortecido havia:

No horror de escuros desastres
Abafando o coração,
Das carinhosas delícias
Era esquivo à comoção;

Mas apenas a meus olhos
Em mole adejo assomaste,
De mil serenas ideias
Minha fantasia ornaste

Eis surgir dentre as ruínas
Vejo o império da beleza,
N'alma outra vez me ressoa
O grito da Natureza.

Torno a sonhar a ventura,
Torno a suspirar de amores,
E julgo o Céu resumido
Nos teus dons encantadores.

Meus pensamentos se apuram,
Apuram-se os meus desejos
No tênue filtro celeste
De teus espontâneos beijos.

Às vezes, porém, meus gostos
Salteia azedo temor
De que nas garras farpantes
Te arrebate ousado açor.

Cuido ver-te injusta preza
Do roubador famulento,
Que exulta no inacessível,
Remoto asilo do vento;

Cuido ver-te lacerada
De fero, voraz instinto,
E quantas feridas sentes,
Em dobro, em tresdobro sinto...

Mas longe, longe desta alma,
Arrepiados terrores;
Cessai, que no meu tesoiro
Estão velando os Amores:

Eles não querem perdê-lo,
Eles sabem-lhe a valia,
Sabem quanto a Natureza
Deste penhor se atavia.

Porém tu, Menino Idálio,
Se te enternecem meus ais,
A teus prodígios imensos
Ajunta um milagre mais.

Deixando-me a vida ilesa,
Abre-me o peito inflamado,
Abre, ó Nume, e desvanece
Este medroso cuidado.

A gentil pomba, que adoro,
Dirige co'a tenra mão;
Em meu peito se resguarde,
Pouse no meu coração.

CANÇONETAS
BÁQUICAS

Improvisadas para a mesa

I

  Amor é fonte
De riso e graça,
Porém não passa
De um só sabor:
  O doce Baco
  Tempera Amor.

II

  Baco entre o coro
Das lindas Graças
Exaure as taças
De almo elixir.
  Dum deus o exemplo
  Cumpre seguir.

III

  Descuida-se Jove
Na olímpica mesa
Da suma grandeza
Do eterno poder;

Consente um sorriso
Nos lábios que molha,
E humano se antolha
No gesto, no ser;

A monotonia
Dos bens, em que impera,
O néctar lhe altera,
Lhe faz esquecer:

O néctar que adoça
Mortais azedumes,
Até entre os Numes
Matiza o prazer.
  Se Júpiter bebe,
  Não hei-de eu beber?

IV

De Baco opulento
Compõe-se o tesouro,
De pérolas, de ouro,
Topázio, rubi.

Do néctar sentindo
Nas fauces o travo,
Misérrimo escravo
Desdenha o Sofi.

Lustrosas quimeras
Lhe vagam na mente,
Do mundo é contente,
Contente de si.

Amigos, libemos
O pico sagrado
Tão mal condenado
Na seita de Ali.

  Teimosos cuidados,
Caterva importuna,
Visões da Fortuna,
Deixai-nos, fugi.
  O nosso universo
  Não passa daqui.

V

  Em torno a Baco
Sussurra, adeja,
Ri-se, graceja,
Cintila Amor.

  Ao Deus Idálio
Baco é preciso,
Dobra-lhe o riso,
Lhe acende a cor.

  Amor, ó Baco,
Tem por costume
Juntar seu lume
Com teu ardor.

Ambos se adorem
Com igualdade;
Tenha a vontade
Mais de um senhor.
   Baco triunfe,
   Triunfe Amor.

AS ÚNICAS GLOSAS SELECIONADAS POR BOCAGE

QUADRAS EM GLOSA DE VERSO ÚNICO

I

A negra fúria Ciúme.
GLOSAS

Morre a luz, abafa os ares
Horrendo, espesso negrume,
Apenas surge do Averno
A negra fúria Ciúme.

Sobre um sólio cor da noite
Jaz dos Infernos o Nume,
E a seus pés tragando brasas
A negra fúria Ciúme.

Crespas víboras penteia,
Dos olhos dardeja lume,
Respira veneno e peste
A negra fúria Ciúme.

Arrancando à Morte a fouce
De buído, ervado gume,
Vem retalhar corações
A negra fúria Ciúme.

Ao cruel sócio de Amor
Escapar ninguém presume,
Porque a tudo as garras lança
A negra fúria Ciúme.

Todos os males do Inferno
Em si guarda, em si resume
O mais horrível dos monstros,
A negra fúria Ciúme.

Amor inda é mais suave,
Que das rosas o perfume,
Mas envenena-lhe as graças
A negra fúria Ciúme.

Nas asas de Amor voamos
Do prazer ao áureo cume,
Porém de lá nos arroja
A negra fúria Ciúme.

Do férreo cálix da Morte
Prova o funesto azedume
Aquele a quem ferve n'alma
A negra fúria Ciúme.

Do escuro seio dos fados
Saltam males em cardume:
O pior é o que eu sofro,
A negra fúria Ciúme.

Dos imutáveis destinos
Se lê no idoso volume
Quantos estragos tem feito
A negra fúria Ciúme.

Amor inda brilha menos
Do que sutil vagalume,
Por entre as sombras que espalha
A negra fúria Ciúme.

II

A minha Lília morreu.
GLOSAS

   Assim como as flores vivem,
A minha Lília viveu;
Assim como as flores morrem,
A minha Lília morreu.

   Assomando o negro dia,
Ave sinistra gemeu;
Cumpriu-se o funesto agouro:
A minha Lília morreu.

   Desfalece, ó Natureza,
Acelera o fado teu;
Esta voz te guie ao Nada:
A minha Lília morreu.

Fadou-me o caso medonho
Vate que nos astros leu;
Os vates são como os Numes:
A minha Lília morreu.

   Que é do Sol? Que é do Universo?
Tudo desapareceu;
Foi-se toda a Natureza:
A minha Lília morreu.

A minha ventura e Lília
Num só laço Amor prendeu:
Morreu a minha ventura,
A minha Lília morreu.

Em parte da minha essência
Minha essência pereceu;
Não vivo senão metade:
A minha Lília morreu.

Oh, quanto ganhava o Mundo!
Oh, quanto o mundo perdeu!
Doce lucro e triste perda!
A minha Lília morreu.

Para exultar o Universo,
A minha Lília nasceu;
Para os Numes exultarem,
A minha Lília morreu.

Meu coração desgraçado,
Desgraçado porque és meu,
Evapora-te em suspiros:
A minha Lília morreu.

As estrelas se apagaram,
A Natureza tremeu,
Os promontórios gemeram,
A minha Lília morreu.

Disse, ao ver sereno eflúvio,
Que o puro Olímpio correu:
Aquela é a alma de Lília,
A minha Lília morreu.

III

Instantes afortunados.
GLOSAS

Sou dos que não querem vida,
Sou dos mais desesperados:
Valei-me, instantes da Morte,
Instantes afortunados.

São muito mais que momentos
Os momentos desgraçados,
São muito menos que instantes
Instantes afortunados.

Dentre os céus com alvas plumas
Lá nos séculos dourados,
Sobre a Terra, Amor, trouxeste
Instantes afortunados.

Estes instantes volveram
Aos puros, Elísios prados:
Já nem a inocência goza
Instantes afortunados.

Sinto de sorte à tristeza
Meus desejos costumados,
Que nem cobiço, nem sonho
Instantes afortunados.

IV

Um coração como o meu.
GLOSAS

   Milhares de maravilhas
Tem Jove em tudo o que é seu,
Mas não tem nesse tesouro
Um coração como o meu.

   Deste, Amor, à minha amada
Um semblante como o teu:
Amor, porque lhe não deste
Um coração como o meu?

DÉCIMAS EM GLOSA DE QUADRAS

*Que eu fosse enfim desgraçado
Escreveu do Fado a mão;
Lei do Fado não se muda
Triste do meu coração!*

GLOSAS

   Três vezes sobre meus lares
Vozeou, quando eu nascia,
Ave que aborrece o dia,
Que prevê cruéis azares:
Amor dividira os ares
De seus tormentos cercado;
À funda estância do Fado
O voo havia abatido;
E ambos tinham resolvido
Que eu fosse enfim desgraçado.

   – Esse, que os primeiros ais
Vai soltar triste e choroso,
Seja à Fortuna odioso,
Seja prezado aos mortais,
Dos mimos de Amor jamais
Desfrute a consolação;
Ame, porém ame em vão,
Ferva-lhe n'alma o ciúme.
Isto no horrendo volume
Escreveu do Fado a mão.

Cresci, cresceram comigo
Meus damos, e num transporte
Curva maga a ler-me a sorte
Com roucas preces obrigo:
Eis que toma um livro antigo,
Abre, vê, folheia, estuda,
Té que me diz carrancuda:
"Nos caracteres que olhei
Fim ao teu mal não achei:
Lei do Fado não se muda."

Absorto, convulso e frio,
Deixo de erriçada grenha
A Fúria em côncava penha.
Seu lar medonho e sombrio:
Debalde luto e porfio
Contra a Sorte desde então.
Céus! Não achar compaixão!
Céus! Amar sem ser amado!
Bárbara lei do meu fado!
Triste do meu coração!

*DÉCIMAS EM GLOSA
DE VERSO ÚNICO*

Quem pode deixar de amar?
GLOSAS

   Amor, doce flama acesa
Nos Céus pela mão de Jove,
Agita, transporta e move,
O seio da Natureza:
O leão despe a braveza,
Se o vem leoa amimar;
No salso bojo do mar
Arde o mundo nadador;
O mundo todo é amor;
Quem pode deixar de amar?

   Lília, se vê gênios duros,
A atacá-los se resolve,
E co'um ar mágico volve
A eles os olhos puros.
Eis que vê soberbos muros
Sobre a terra baquear;
Lília depois de ganhar
Imensos louros, que ajunta,
Com um sorriso pergunta:
Quem pode deixar de amar?

Perguntei à Natureza
No seu alcácer sublime,
Qual era o mais torpe crime
Que infectava a redondeza.
Ela, que meus cultos preza
E me franqueia o altar,
Respondeu-me a prantear,
Exalando um ai ansioso:
"Ah! E o mais criminoso
Quem pode deixar de amar."

Mandou o Supremo Autor
Ao mundo esta paixão doce,
Para que alimento fosse
Da térrea máquina Amor.
De tudo se fez senhor,
Em tudo erigiu altar;
Quem a Amor pretende obstar
Transgride uma lei divina;
E o fim do mundo maquina
Quem pode deixar de amar?

*

Dos Lusos a glória herdada.
GLOSAS

   Nasci no tempo ferrenho,
E apenas razão me move;
Grito aos Céus, exclamo a Jove:
"Ó Jove! Em que tempos venho!
Um despenho, outro despenho
Me apresenta a sorte irada;
Minha essência colocada
Está no ponto mais baixo;
Já não vejo, já não acho
Dos Lusos a glória herdada."

   As nossas armas brilharam
Pondo ao Universo espanto,
E as letras puderam tanto,
Que as armas mesmo eclipsaram:
Os nossos timbres voaram
Pela massa organizada;
E o grão monstro, que inda brada
Lá no promontório seu,
Fero Adamastor, temeu
Dos Lusos a glória herdada.

POESIA EPIGRAMÁTICA SATÍRICA

A Morte se enfastiou
De surgir do Orco profundo,
Exclamando: "Não estou
Para tornar mais ao mundo!"
Disse um médico: "Eu lá vou."

*

Estando enfermo um poeta,
Foi visitá-lo um doutor,
E em rigorosa dieta
Logo, logo o mandou pôr.

"Regule-se, coma pouco"
(Diz-lhe o médico eminente)
"Ai senhor! (acode o louco)
Por isso é que estou doente."

*

A uma cara mui grande

Examina-se um planeta
Com telescópio de cá:
Ver-se-ia a cara da Helena
Sem telescópio de lá.

*

Um procurador de causas
Tinha na dextra de harpia
Nojenta, incurável chaga,
Que até ossos lhe roía.

Exclama um taful ao vê-lo:
"Que pena de Talião!
Quem com a mão roeu tanto
Ficou roído na mão."

Arrimado às duas portas
Pingue boticário estava,
E brandamente acenou
A um doutor, que passava.

Mal que chega o bom Galeno,
Diz o outro com ar jocundo:
"Unamo-nos, meu doutor,
E demos cabo do mundo!"

*

Um chapado, um retumbante
Corifeu de Medicina
Certa menina adorava,
E adoeceu-lhe a menina.

Eis para curá-la o chamam,
Pela alta fama que tem.
Geme o doutor, e responde:
"Não vou, que lhe quero bem."

*

Rechonchudo franciscano
Desenrolava um sermão;
E defronte por acaso
Lhe ficara um beberrão.

Tratava dos bens celestes.
Proferindo: "Ouvintes meus,
Que ditas, que imensa glória
Para os justos guarda um Deus!

*

Falsos, momentâneos gostos
Há neste mundo mesquinho;
Mas no céu há bens sem conto..."
Pergunta o bêbado: "E vinho?"

NOTAS

1. Os dois últimos versos deste soneto eram, na edição de 1804, diferentes; como diz o prof. Hernâni Cidade, o primeiro era "menos acautelado" e o segundo, "menos decente". As correções são do próprio Bocage.
2. Capote de mangas e capuz.
3. Dinheiro.
4. Novatos, inexperientes.
5. Peralvilhos, janotas.
6. Note-se neste soneto, como em vários outros, o tom intensamente romântico, em meio a elementos clássicos (coche da Noite, Zéfiro).
7. Vitorino Nemésio diz que os sonetos anterianos da série "Elogio da Morte" desenvolvem "um tema obsidiante em Bocage..., mas trata-o com o mesmo tipo de emoção e com um estilo que me parece nitidamente derivado" (NEMÉSIO, Vitorino. *Bocage*: poesias várias, p. 22). Essa afirmação é perfeitamente justa e especialmente válida para o soneto em pauta, que, confrontado ao primeiro da série anteriana, apresenta inúmeras coincidências facilmente verificáveis, inclusive a que ressalta dos últimos versos deste e do de

Antero ("E ao longe os passos sepulcrais da Morte"): a mesma tristeza, a mesma presença da morte, a mesma rima (morte/sorte), o mesmo ritmo perfeito.

8. O Sado é o rio que banha Setúbal (cf. soneto 34), cidade onde nasceu o poeta. Daí o seu nome arcádico: Elmano Sadino.

9. Casaco feminino muito curto.

10. "A senhoria era o tratamento generalizado entre os Goeses, mesmo os que não atingiam a situação social a que ele correspondia" (Hernâni Cidade).

11. Belmiro Transtagano era o nome arcádico de Semedo.

12. O padre mulato brasileiro Domingos Caldas Barbosa, o Lereno da Nova Arcádia.

13. Cadeia civil de Lisboa.

14. Elmiro Tagideu era o nome arcádico de José Agostinho de Macedo. Cf. este soneto com "Pena de Talião", a ver a mudança operada em Bocage nos últimos dias de sua vida em relação a Macedo.

15. *Lhe lhes*, como se usava ainda no século XVIII. Cf. "Ode anacreôntica" V.

16. Acrescenta-se este *lhe*, que é necessário ao metro (sempre perfeito em Bocage) e ao sentido. Sua omissão deve corresponder a erro tipográfico.

BIOGRAFIA

O maior poeta português de seu século e um dos maiores sonetistas da língua nasceu Manuel Maria de Barbosa du BOCAGE em Setúbal, em 1765. Filho de um advogado que lia as *Noites* de Young, tendo uma tia que fazia versos, Bocage inclinou-se desde cedo para a literatura.

Órfão de mãe aos dez anos, foge de casa aos dezesseis e entra na Companhia dos Guardas-Marinhas, que frequenta com assiduidade e aproveitamento durante dez meses. Deixa, então, os estudos e passa a frequentar botequins – o Nicola e o Botequim das Parras –, onde encontrava um público caloroso que ouvia e aplaudia seus improvisos contundentes e muitas vezes expressos em linguagem grosseira.

Assim viveu anos de boêmia num ambiente em que se misturavam ouvintes de vários níveis, incluindo intelectuais, como Morgado de Assentiz, Francisco Joaquim Bingre, Pato Moniz, André da Ponte de Quental, avô de Antero, que se tornara seu grande amigo, e outros.

Entre as muitas amadas que cantou, parece que uma, Gertrúria, teria sido seu grande amor. Tratar-se--ia de Gertrudes, filha do governador do Outão, que mais tarde o trocaria por um dos seus irmãos? Ou uma jovem de Santarém que, segundo Hernâni

Cidade, ouvir-lhe-ia encantada os versos? Não acredita o mestre que fosse a primeira, pois que não se encontram nos poemas queixas contra o irmão (na verdade, ele aparece apenas uma vez na poesia bocagiana, incluído no grupo "dos irmãos").

Fosse quem fosse, o fato é que esse amor o faz mudar de rumo e obter uma nomeação de guarda-marinha nos mares da Índia, e para lá segue, em fevereiro de 1786, come escala no Rio de Janeiro, onde é recebido pelo vice-rei e por intelectuais. Em Goa frequenta a Academia Real de Marinha e se distingue em lutas, sendo promovido. Transferido para Damão, deserta, talvez oprimido pela pequenez e tacanhez da cidadezinha, ou saturado afinal pelos vezos e vícios daquela gente, e, como assinala Hernâni Cidade, "fechado a toda a simpatia e a todo o interesse cultural". Jacinto do Prado Coelho atribui a deserção a "baixos amores".

Por um motivo ou por outro, o fato é que, passando por Cantão, o poeta chega a Macau "em misérrima situação moral e física". Bem acolhido por um amigo ali residente, que o apresenta às melhores famílias e até ao governador, pode regressar a Portugal.

Em Lisboa é unanimemente acolhido pelos membros da Nova Arcádia, onde adotou o nome de Elmano Sadino (o anagrama de Manoel e o adjetivo derivado de seu rio, o Sado). Lá não permanece mais que três anos: rebelde e mordaz, começa a satirizar os companheiros que lhe respondem com igual violência e menos talento. Entre esses se conta José Agostinho de Macedo, o padre brasileiro e mulato. Domingos Caldas Barbosa – Bocage chamou de "neto da rainha Ginga" – e Curvo Semedo. Despeitados, agridem-no em sua qualidade de poeta e na de homem, chegando a criticar sua aparência física, sua magreza, seus "olhos macerados".

De Filinto Elísio (exilado em Paris) lhe vem alento: um poema que o desforra dos agravos sofridos:

> Lendo os teus versos, numeroso Elmano,
> E o não vulgar conceito e a feliz frase,
> Disse entre mim: Depõe, Filinto, a lira
> Já velha, já cansada,
> Que este mancedo vem tomar-te os louros...

Alcipe – a futura Marquesa de Alorna – une-se ao louvor.

O Iluminismo francês atravessava as fronteiras e as malhas da polícia do intendente Pina Manique. Perseguiam-se figuras de projeção. Chega a vez de Bocage. Denunciado, tenta fugir para o Brasil, mas é preso e metido no Limoeiro "como autor de *papéis sediosos* contra a segurança do Estado'."

Desesperado, escreve versos e apela para os amigos, que conseguem mudar-lhe o crime contra o Estado em erros contra a Fé, e ele passa do Limoeiro para o cárcere inquisitorial, no convento de São Bento da Saúde, de onde é transferido para o Hospício de Nossa Senhora das Necessidades a fim de ser doutrinado pelos oratorianos.

Num bom ambiente para quem necessitava de tranquilidade e convívio amigo, aproveita para melhorar o latim e recordar o francês e o espanhol, o que lhe possibilitará, ao sair da reclusão, fazer várias traduções de Delille, Castel, Delacroix e das *Metamorfoses* de Ovídio.

Com esses trabalhos, conseguia manter-se e à sua irmã mais nova, que viera morar com ele trazendo uma filha pequena.

É então que se trava, entre ele e José Agostinho de Macedo, uma violenta polêmica: o ex-frade, irritado com algumas observações de Bocage a respeito de versos seus, começou a atacá-lo, zombando da tradução que este fazia das *Metamorfoses*. A resposta não se fez esperar: Bocage chama-lhe "maldito grasnador... que, voar não podendo, odeia os voos." Vem dura a réplica de Macedo: "Tu és magro, és vadio, és pobre, és feio [...] Glosar e traduzir, isto é ser vate?"

A reação de Bocage é o poema *Pena de Talião*, em que parece ter posto as últimas energias que lhe restavam. Um aneurisma o atinge severamente. De cama, mais magro e macilento, ainda escreve versos que são publicados e vendidos pelo proprietário do Café Nicola, bom amigo que assim consegue algum dinheiro para o doente. Outros amigos e até antigos inimigos – entre eles Macedo e Curvo Semedo – vêm visitá-lo, e o poeta se reconcilia com todos. É quase o fim.

Sereno, compõe poemas em que renega o passado dissoluto e se encaminha para a Eternidade. No dia 21 de dezembro de 1805, aos quarenta anos, morre serenamente, em paz com os homens e com Deus, "o que viver não soube".

ÍNDICE

Prefácio 7

SONETOS

1. Magro, de olhos azuis, carão moreno 17
2. De cerúleo gabão não bem coberto 17
3. Chorosos versos meus desentoados....................18
4. Já sobre o coche de ébano estrelado.....................19
5. A loira Fílis na estação das flores 19
6. Ó tranças de que Amor prisões me tece...............20
7. Guiou-me ao templo do letal Ciúme 20
8. Fiei-me nos sorrisos da Ventura 21
9. A teus mimosos pés, meu bem, rendido..............21
10. Os garços olhos, em que Amor brincava 22
11. Em veneno letífero nadando................................23
12. Ó retrato da Morte! Ó Noite amiga.....................23
13. Entre as tartáreas forjas, sempre acesas..............24
14. Importuna Razão, não me persigas 24
15. Ó trevas, que enlutais a Natureza.......................25
16. Já no calado monumento escuro 25
17. Vai-te, fera cruel, vai-te, inimiga.........................26
18. Ó deusa, que proteges dos amantes....................27
19. Da minha ingrata Flérida gentil 27
20. Em que estado, meu bem, por ti me vejo...........28
21. Debalde um véu cioso, ó Nise, encobre 28

22. Em sonhos na escaldada fantasia 29
23. O Céu não te dotou de formosura 30
24. Sobre estas duras, cavernosas fragas 30
25. Fatais memórias da traidora Alcina 31
26. O céu, de opacas sombras abafado 31
27. Nos torpes laços de beleza impura 32
28. Ó tu, consolador dos malfadados 32
29. Quem se vê maltratado e combatido 33
30. Se é doce no recente, ameno Estio 34
31. Apertando de Nise a mão nevada 34
32. Eu me ausento de ti, meu pátrio Sado 35
33. Ah!, que fazes, Elmano? Ah!, não te ausentes ... 36
34. Apenas vi do dia a luz brilhante 36
35. Filho, Espírito e Pai, três e um somente 37
36. Sonhei que, nos meus braços inclinado 37
37. Aquele a quem mil bens outorga o Fado 38
38. Camões, grande Camões, quão semelhante 38
39. Tu, Goa, *in illo tempore* cidade 39
40. Adamastor cruel! De teus furores 40
41. Intruso no apolíneo santuário 40
42. Preside o neto da rainha Ginga 41
43. Em sórdida masmorra aferrolhado 41
44. Os milhões de áureos lustres coruscantes 42
45. Ó Rei dos reis, ó Árbitro do mundo 43
46. Em vão, Padre José, padre ou sacrista 43
47. Pouco a pouco a letífera Doença 44
48. Meu ser evapore na lida insana 44
49. Versos de Elmiro os tempos avassalam 45
50. Já Bocage não sou!... À cova escura 46

ODE

Os amores 49

CANÇÃO
O ciúme 57
EPÍSTOLA
Só conheço de ti grandeza e nome 65
IDÍLIOS
Lênia (Idílio piscatório) 73
Filena, ou a saudade (Idílio pastoril) 77
Crinaura ou o amor mágico (Idílio farmacêutrio) .. 80
CANTATA
A Ulina (Soneto dedicatório) 87
Longe do caro Esposo Inês formosa 88
ELEGIA
O sábio não vai todo à sepultura 97
SÁTIRA
Pena de Talião 101
POESIAS VÁRIAS
Que brilhante espetáculo pomposo 107
Zoilos, estremecei, rugi, mordei-vos! 111
CANÇONETAS ANACREÔNTICAS
A rosa 115
Fílis e Amor 117
ODES ANACREÔNTICAS
Veloz Borboleta 123
Os teus prisioneiros 123
De líquido aljôfar 124
Formosa Marília 125

175

Do vasto abismo 126
Poupando votos 127

ALEGORIAS

O zéfiro e a rosa 131
A Anarda 133

CANÇONETAS BÁQUICAS

Amor é fonte 139
Baco entre o coro 139
Descuida-se Jove 139
De Baco opulento 140
Em torno a Baco 141

AS ÚNICAS GLOSAS SELECIONADAS POR BOCAGE

Quadras em glosas de verso único

A negra fúria Ciúme 145
A minha Lília morreu 147
Instantes afortunados 149
Um coração como o meu 150

DÉCIMAS EM GLOSA DE QUADRAS

Que eu fosse enfim desgraçado 153

DÉCIMAS EM GLOSA DE VERSO ÚNICO

Quem pode deixar de amar? 157
Dos Lusos a glória herdada 159

POESIA EPIGRAMÁTICA SATÍRICA

A Morte se enfastiou 163
Estando enfermo um poeta 163
Examina-se um planeta 163
Um procurador de causas 164

Um chapado, um retumbante 164
Rechonchudo franciscano 165
Falsos, momentâneos gostos 165
NOTAS 167
BIOGRAFIA 169

COLEÇÃO MELHORES POEMAS

CASTRO ALVES
Seleção e prefácio de Lêdo Ivo

LÊDO IVO
Seleção e prefácio de Sergio Alves Peixoto

FERREIRA GULLAR
Seleção e prefácio de Alfredo Bosi

MARIO QUINTANA
Seleção e prefácio de Fausto Cunha

CARLOS PENA FILHO
Seleção e prefácio de Edilberto Coutinho

TOMÁS ANTÔNIO GONZAGA
Seleção e prefácio de Alexandre Eulalio

MANUEL BANDEIRA
Seleção e prefácio de Francisco de Assis Barbosa

CECÍLIA MEIRELES
Seleção e prefácio de Maria Fernanda

CARLOS NEJAR
Seleção e prefácio de Léo Gilson Ribeiro

LUÍS DE CAMÕES
Seleção e prefácio de Leodegário A. de Azevedo Filho

GREGÓRIO DE MATOS
Seleção e prefácio de Darcy Damasceno

ÁLVARES DE AZEVEDO
Seleção e prefácio de Antonio Candido

MÁRIO FAUSTINO
Seleção e prefácio de Benedito Nunes

ALPHONSUS DE GUIMARAENS
Seleção e prefácio de Alphonsus de Guimaraens Filho

OLAVO BILAC
Seleção e prefácio de Marisa Lajolo

JOÃO CABRAL DE MELO NETO
Seleção e prefácio de Antonio Carlos Secchin

FERNANDO PESSOA
Seleção e prefácio de Teresa Rita Lopes

AUGUSTO DOS ANJOS
Seleção e prefácio de José Paulo Paes

BOCAGE
Seleção e prefácio de Cleonice Berardinelli

MÁRIO DE ANDRADE
Seleção e prefácio de Gilda de Mello e Souza

PAULO MENDES CAMPOS
Seleção e prefácio de Guilhermino Cesar

LUÍS DELFINO
Seleção e prefácio de Lauro Junkes

GONÇALVES DIAS
Seleção e prefácio de José Carlos Garbuglio

HAROLDO DE CAMPOS
Seleção e prefácio de Inês Oseki-Dépré

GILBERTO MENDONÇA TELES
Seleção e prefácio de Luiz Busatto

GUILHERME DE ALMEIDA
Seleção e prefácio de Carlos Vogt

JORGE DE LIMA
Seleção e prefácio de Gilberto Mendonça Teles

CASIMIRO DE ABREU
Seleção e prefácio de Rubem Braga

MURILO MENDES
Seleção e prefácio de Luciana Stegagno Picchio

PAULO LEMINSKI
Seleção e prefácio de Fred Góes e Álvaro Marins

RAIMUNDO CORREIA
Seleção e prefácio de Telenia Hill

CRUZ E SOUSA
Seleção e prefácio de Flávio Aguiar

DANTE MILANO
Seleção e prefácio de Ivan Junqueira

JOSÉ PAULO PAES
Seleção e prefácio de Davi Arrigucci Jr.

CLÁUDIO MANUEL DA COSTA
Seleção e prefácio de Francisco Iglésias

MACHADO DE ASSIS
Seleção e prefácio de Alexei Bueno

HENRIQUETA LISBOA
Seleção e prefácio de Fábio Lucas

AUGUSTO MEYER
Seleção e prefácio de Tania Franco Carvalhal

RIBEIRO COUTO
Seleção e prefácio de José Almino

RAUL DE LEONI
Seleção e prefácio de Pedro Lyra

ALVARENGA PEIXOTO
Seleção e prefácio de Antonio Arnoni Prado

CASSIANO RICARDO
Seleção e prefácio de Luiza Franco Moreira

BUENO DE RIVERA
Seleção e prefácio de Affonso Romano de Sant'Anna

IVAN JUNQUEIRA
Seleção e prefácio de Ricardo Thomé

CORA CORALINA
Seleção e prefácio de Darcy França Denófrio

ANTERO DE QUENTAL
Seleção e prefácio de Benjamin Abdalla Junior

NAURO MACHADO
Seleção e prefácio de Hildeberto Barbosa Filho

FAGUNDES VARELA
Seleção e prefácio de Antonio Carlos Secchin

CESÁRIO VERDE
Seleção e prefácio de Leyla Perrone-Moisés

FLORBELA ESPANCA
Seleção e prefácio de Zina Bellodi

VICENTE DE CARVALHO
Seleção e prefácio de Cláudio Murilo Leal

PATATIVA DO ASSARÉ
Seleção e prefácio de Cláudio Portella

ALBERTO DA COSTA E SILVA
Seleção e prefácio de André Seffrin

ALBERTO DE OLIVEIRA
Seleção e prefácio de Sânzio de Azevedo

WALMIR AYALA
Seleção e prefácio de Marco Lucchesi

ALPHONSUS DE GUIMARAENS FILHO
Seleção e prefácio de Afonso Henriques Neto

MENOTTI DEL PICCHIA
Seleção e prefácio de Rubens Eduardo Ferreira Frias

ÁLVARO ALVES DE FARIA
Seleção e prefácio de Carlos Felipe Moisés

SOUSÂNDRADE
Seleção e prefácio de Adriano Espínola

LINDOLF BELL
Seleção e prefácio de Péricles Prade

THIAGO DE MELLO
Seleção e prefácio de Marcos Frederico Krüger

ARNALDO ANTUNES
Seleção e prefácio de Noemi Jaffe

ARMANDO FREITAS FILHO
Seleção e prefácio de Heloisa Buarque de Hollanda

LUIZ DE MIRANDA
Seleção e prefácio de Regina Zilbermann

AFFONSO ROMANO DE SANT'ANNA
Seleção e prefácio de Miguel Sanches Neto

MÁRIO DE SÁ-CARNEIRO
Seleção e prefácio de Lucila Nogueira

AUGUSTO FREDERICO SCHMIDT
Seleção e prefácio de Ivan Marques

ALMEIDA GARRET
Seleção e prefácio de Izabela Leal

RUY ESPINHEIRA FILHO
Seleção e prefácio de Sérgio Martagão

SOSÍGENES COSTA*
Seleção e prefácio de Aleilton Fonseca

*PRELO

GRÁFICA PAYM
Tel. (011) 4392-3344
paym@terra.com.br